由江西理工大学体育与艺术学院科研团队培育项目资助

体育旅游创新产品设计与市场营销

谭东辉　著

中南大学出版社
www.csupress.com.cn
·长沙·

图书在版编目(CIP)数据

体育旅游创新产品设计与市场营销 / 谭东辉著.
长沙: 中南大学出版社, 2024. 12.

ISBN 978-7-5487-6112-9

Ⅰ. F592. 3; F592. 68

中国国家版本馆 CIP 数据核字第 2024EV1929 号

体育旅游创新产品设计与市场营销

TIYU LÜYOU CHUANGXIN CHANPIN SHEJI YU SHICHANG YINGXIAO

谭东辉　著

□**出 版 人**　林绵优

□**责任编辑**　沈常阳

□**责任印制**　唐　曦

□**出版发行**　中南大学出版社

社址: 长沙市麓山南路　　邮编: 410083

发行科电话: 0731-88876770　　传真: 0731-88710482

□**印　　装**　河北万卷印刷有限公司

□**开　　本**　710 mm×1000 mm　1/16　□**印张** 13. 75　□**字数** 184 千字

□**版　　次**　2024 年 12 月第 1 版　□**印次** 2024 年 12 月第 1 次印刷

□**书　　号**　ISBN 978-7-5487-6112-9

□**定　　价**　78. 00 元

前言 | Preface

随着人们生活水平的提高和健康意识的增强，体育旅游作为一种新兴的旅游模式，近年来在全球范围内迅速发展。体育旅游结合了体育活动的参与性与旅游的休闲特性，不仅丰富了传统旅游产品的内涵，也为旅游业的发展注入了新的动力。本书旨在探讨体育旅游创新产品的设计与市场营销策略，通过对体育旅游的深入分析和实际案例的研究，为业界提供理论指导和实践参考。在全球化大背景下，体育旅游的兴起与发展不仅仅是一种经济活动的变迁，更是文化交流和社会进步的体现。

本书第一章、第二章详细介绍了体育旅游的兴起背景、发展历程及其与创新的紧密联系。通过阐述体育旅游创新的机制和过程，以及如何评价体育旅游创新的效果，本书建立了一个全面的理论框架，为后续章节的案例分析和策略制定奠定了基础。

第三章至第七章是本书的核心，分别从竞技观赏型、康养健身型、休闲娱乐型、户外探险型、虚拟沉浸式等几个维度，详细探讨了不同类型的体育旅游产品的创新设计。每个类别都通过具体的产品概念阐述、类型划分，展示了体育旅游产品创新的多样化和实用性，其中第三章、第五章和第六章还进行了成功案例分析。这些内容不仅为读者提供了丰富的信息，而且为体育旅游产品设计师提供了创新的思路和方法。

随着市场的细分和消费者需求的多样化，体育旅游市场的细分和精准塑造变得尤为重要。第八章和第九章通过系统地介绍市场细分方法和市场营销战略，为体育旅游业的市场营销提供了战略指导。第十章对新时代背景下体育旅游市场管理的创新路径进行了深入探讨，包括市场管理体制的创新、市场营销的创新以及体育旅游产业软环境建设的创新，旨在为体育旅游业的可持续发展提供可行性建议。

本书通过对体育旅游创新产品设计与市场营销的全面分析，增强了理论与实践的结合力，旨在为从业者和研究者提供了一本实用的参考书。希望本书能够为读者开拓一片新的视野，激发读者更多的创新思维，推动体育旅游业的进一步发展和繁荣。

目 录 Contents

第一章　概述

第一节 体育旅游的兴起与发展

一、体育旅游兴起与发展的背景

（一）社会发展背景

随着中国经济的快速发展和居民生活水平的显著提升，体育运动已经融入公众日常生活中，成为促进人们身体健康的重要方式。不仅传统的体育活动，如乒乓球和篮球依旧受到欢迎，各种户外运动也越来越流行，显示出体育消费形式的多样化。同时，旅游业的转变更凸显出这一趋势。过去被视为“奢侈品”的旅游活动，如今已成为大多数人生活中不可或缺的一部分。此外，随着现代科技的进步，人们获取信息的渠道更加多样，全球资讯的实时更新极大地激发了公众的旅游兴趣和消费动力。技术的发展不仅改变了人们的旅游方式，也使得体育旅游活动更加多样化和个性化，满足了公众日益增长的精细化需求。

在这样的社会发展背景下，体育旅游作为一个新兴领域，得到了迅速的发展。越来越多的人选择在假期参加马拉松、徒步旅行、自行车旅行等活动，或者前往国外观看奥运会、世界杯等国际赛事。体育旅游不仅丰富了人们的休闲选项，也提高了相关产业的经济效益，同时提升了地区经济的活力。如今，随着居民可支配收入的增加和休闲时间的延长，加之国家对旅游业的重视和支持，体育旅游的市场潜力巨大，预计未来将保持高速增长，成为推动经济社会发展的新引擎。

（二）产业发展背景

1. 旅游业发展简况

当前，全球旅游业正在经历一段前所未有的繁荣期，被业界广泛认为已经步入一个“黄金时代”。特别是在中国，旅游业的发展尤为迅猛。根据国家统计局发布的《中华人民共和国 2023 年国民经济和社会发展统计公报》，2023 年，国内旅游人次为 48.9 亿，比 2022 年增长 93.3%，这表明中国已成为世界最大的国内旅游市场，较改革开放初期增长了近 20 倍。同时，中国的入境游客达到 8 203 万人次，较改革开放初期增长了 70 多倍，而中国的出境游客更是达到了 1 亿人次，稳居世界第一大旅游客源国。

在政府政策的支持下，中国旅游业的发展环境得到了显著改善。自 2001 年国务院发布《关于进一步加快旅游业发展的通知》以来，一系列政策陆续出台，包括《国务院关于加快发展旅游业的意见》《国民旅游休闲纲要（2022—2030 年）》《关于促进旅游业改革发展的若干意见》等，均旨在加快旅游业的发展步伐。2013 年 10 月 1 日，我国首部《中华人民共和国旅游法》的正式实施更是为旅游业的健康发展提供了法律保障。目前，中国几乎所有的省（自治区、直辖市）都将旅游业视为重点培育的战略性支柱产业，超过 85% 的城市和 80% 的区县已经明确将旅游业定位为本地区的支柱产业。这些政策的推出和实施，不仅提升了旅游业的整体运作效率，还优化了旅游市场的结构，促进了旅游产品的多元化发展。随着越来越多的人选择旅游作为休闲和放松的主要方式，加之政府对旅游业的持续支持和投资，预计中国的旅游业将继续保持强劲的增长势头，为经济社会的全面发展做出更大贡献。

2. 体育和旅游融合发展

作为两个具有广泛社会和经济联系的领域，体育和旅游的融合展现了巨大的产业和市场潜力。近年来，中国政府已经认识到这两个领域的重要性，并通过一系列政策支持其融合发展，以期达到促进经济增长和增进公众健康的双重目标。

2016 年，原国家旅游局和国家体育总局共同出台了《关于大力发展体育旅游的指导意见》。这一政策文件的发布标志着体育旅游正式上升为国家战略[①]，以期通过体育旅游丰富旅游产品体系，扩展旅游消费的广度和深度。文件提出，发展体育旅游可以实现全民健身与全民健康的深度融合，同时推动体育产业的质量和效益提升，为经济发展注入新的活力，拓宽经济发展的新领域。2017 年，为了进一步推进体育和旅游的结合，国家体育总局与原国家旅游局联合发布了《"一带一路"体育旅游发展行动方案（2017—2020 年）》，强化了在"一带一路"倡议中体育旅游的战略地位。该方案旨在通过国际合作，推广体育旅游，加强体育活动与国际旅游的互动，促进相关产业的国际化发展。为了具体实施体育旅游的发展计划，2017 年 5 月，国家体育总局特别发布了《关于推动运动休闲特色小镇建设工作的通知》。该通知明确提出在全国范围内支持建设一批具有鲜明体育特征、浓厚文化气息、产业高度集聚、生态环境优良且有利于人民健康的运动休闲特色小镇。这些小镇的建设不仅提升了当地的旅游吸引力，也成为推动地方经济发展的新引擎。

二、体育旅游的发展历程

体育旅游与人类旅游活动密切相关，这一点可以从旅游动机中清晰地看出。人们旅游的主要动机分为五类：身体健康、文化探索、社交互动、地位展示以及购物体验。其中，以健康和休闲为目的的旅游尤为普遍，包括度假、健身以及医疗康复等。

① 张勇，王瑞连．中华人民共和国体育法释义 [M]. 北京：中国法制出版社，2023：224.

（一）国外体育旅游发展历程

1. 早期体育旅游的发展

体育旅游的历史可以追溯到古希腊时期，特别是公元前 776 年首次举办的古代奥林匹克运动会。这一赛事不仅是体育竞技的展示，也是早期体育旅游的一个明显例证。直到公元 393 年，古希腊共举办了 292 届奥林匹克运动会，每届都能吸引到来自各地的约 40 000 名观众。这些观众通过各种方式，如步行和航海，从不同地区聚集到赛事举办地，共同见证这一体育盛会。这种集体旅行不仅是体育庆典，也被当时的统治者用作加强政治联合和文化交流的工具。通过体育赛事，来自不同地区的人们得以欢聚一堂，增进彼此的了解和友谊，从而促进文化的融合和民族间的交流。

进入 16 世纪，随着交通技术的发展，体育旅游开始出现新的变化。这一时期，所谓的“大旅行”（或称欧洲皇室旅游）开始兴起。这种旅游形式主要是欧洲贵族为了观光和参加各种社交活动而进行的跨国旅行。这些旅行不仅推动了欧洲内部的财富流动，也加速了旅游基础设施的建设，为现代旅游业的发展奠定了基础。例如，欧洲的“大旅行”推动了旅游线路的规划和旅游设施的完善，使得比利时的斯帕（SPA）小镇、德国的巴登 – 巴登（Baden–Baden）、以色列的提比利亚（Tiberias）和英国的巴斯（Bath）等地因其优越的水疗设施而成为知名的旅游目的地。这些地方不仅为贵族提供了休闲娱乐的场所，也逐渐吸引了更广泛的游客群体。同时，这一时期还见证了特色体育赛事，如赛车和各类格斗比赛，这些活动进一步丰富了体育旅游的内涵。随着体育活动的多样化，以及参与者和观众的日益增多，体育旅游逐渐演变成一种集观光、休闲和体育竞技于一体的综合性旅游形式。

2. 产业革命时期体育旅游的发展

19 世纪之前，由于交通工具和交通基础设施的落后，加之高昂的旅行成本，体育旅游的发展受到了显著限制。然而，随着产业革命的推进，尤其是铁路交通的兴起，体育旅游开始经历前所未有的变革。

铁路的广泛建设被认为是推动英国乃至全球体育发展的一次革命。这种快速、经济的陆上交通方式不仅使运动员可以更容易地参与全国乃至国际的比赛，也极大地扩展了观众的地理覆盖范围和体育活动的观众基础。此外，铁路的发展还推动了体育旅游的两大主要趋势：其一，体育赛事的举办需要参与者亲自前往比赛地点，这直接刺激了目的地旅游的增长；其二，随着体育活动本身吸引力的增强，越来越多的旅游者受到吸引。与此同时，随着体育赛事的商业化和职业化加速推进，观众人数的增加成为体育旅游增长的一个重要动力。在 1860 年到 1913 年，随着实际工资的显著增长（增幅达到 91%），以及人们可支配收入的增加，更多的人开始有能力和时间参与体育活动。这不仅增加了各类体育赛事的观众数量，也促进了滨海和其他休闲旅游地的发展。

铁路的普及使得参与体育活动和观看比赛变得比较容易。无论是为了支持自己喜爱的球队，还是为了体验各地的运动设施，越来越多的人开始选择通过铁路旅行，享受体育赛事带来的乐趣。这种交通革命不仅仅改变了人们的旅行方式，更深刻地影响了体育旅游的整体格局。因此，铁路交通的发展与体育旅游的兴盛密不可分。这一时期体育旅游的蓬勃发展，不仅为体育赛事的普及和体育产业的发展提供了强有力的支撑，也为相关的旅游目的地带来了经济利益，推动了地方经济和社会文化的全面发展。

3. 20 世纪体育旅游的发展

20 世纪，体育旅游经历了显著的发展，并逐渐成为一个全球性的现象。这一时期，体育旅游的经济和社会文化价值得到了国际社会的广泛认可和深入研究。

随着“带薪假期”运动的兴起和相关法案的实施，20 世纪初大多数工人开始享有带薪年假，这为工薪阶层提供了参与体育旅游的机会。此外，20 世纪后半期，随着全球旅游业的快速扩张，体育旅游得到了进一步发展。工作时间的缩短以及可支配收入的增长，加之交通运输技术的进步，尤其是汽车和飞机的普及，使得越来越多的人能够参与各种体育活动，其中不乏观看者。这一时期，体育旅游的方式和内容也变得更加多样。许多旅游目的地开始将体育赛事和活动纳入旅游产品体系，以此来吸引游客。体育项目，如帆船、冲浪、攀岩、漂流、探险、高尔夫和网球等，不仅丰富了旅游市场的产品种类，也满足了人们对健康和冒险旅行的需求。国际体育旅游的兴盛促进了体育运动和各种体育假期项目的发展，吸引了大量游客前往世界各地的独特旅游目的地参与体育活动。到了 20 世纪末，许多国家的政府开始认识到举办大型体育赛事的潜在经济利益，因此积极申办国际体育赛事。这些活动不仅提升了当地的国际知名度，还显著促进了当地旅游和经济的发展。此外，体育与旅游部门之间的合作变得更加密切。1999 年，联合国世界旅游组织（UNWTO）与国际奥林匹克委员会（IOC）之间开始合作，这标志着体育和旅游两大领域的融合趋势。

综上所述，国外体育旅游的快速崛起可以归因于多个关键因素。首先，铁路网络的扩张极大地便利了跨地区的旅行，使得观众能够轻松前往各地观看体育赛事。其次，随着工业化进程的推进，人们的可支配收入显著增长，同时休闲时间也有所增加，这为体育赛事的商业化和职业化提供了庞大的观众基础。此外，特定的旅游地点因其独特的体育资源和设施吸引了众多体育旅游爱好者。例如，自 1890 年起，阿尔卑斯山的滑雪活动就开始吸引大量寻求冒险刺激的游客。此外，登山、长途徒步以及观看国际体育赛事等也成为热门的体育旅游活动。

（二）国内体育旅游发展历程

1. 体育旅游的萌芽阶段（1984 年以前）

体育旅游在中国的发展经历了从原始社会到近现代社会的漫长过程。在早期，狩猎活动是原始社会人类为了生存而进行的行为。随着社会的发展，这种活动逐渐演变成贵族阶层的休闲和健身方式，并形成独具特色的狩猎文化。这些活动虽然带有运动的元素，但并未构成现代意义上的体育旅游。

在中国古代，由于社会经济条件和当时人们生活水平的限制，以及交通设施的局限，体育旅游并未形成明确的概念和一定的市场规模。体育活动主要是自发进行的，或是局限于特定的社会阶层，远未达到普及和商业化的阶段。因此，与西方发达国家相比，中国的体育旅游在较长一段时间内显得较为落后。然而，这一情况在 20 世纪有了显著变化。1984 年，西藏自治区体育运动委员会为了满足国际登山爱好者的需求，特别成立了国内首家体育旅游专业机构——西藏国际体育旅游公司。这一举措标志着中国体育旅游行业的正式形成，并开启了体育旅游商业化的新篇章。该公司的成立不仅为国内外登山爱好者提供了专业服务，也推动了体育旅游在中国的发展和普及。西藏国际体育旅游公司的成立是中国体育旅游发展的重要里程碑，它不仅满足了国内外旅游者对极限体育的需求，也促进了地方经济的发展。通过这一平台，体育和旅游的结合为当地带来了新的生机，也为其他地区的体育旅游业提供了可借鉴的发展模式。

2. 体育旅游的探索起步阶段（1985 年至 1994 年）

中国现代体育旅游的发展开始于 20 世纪 80 年代中期。具体来说，1985 年，国家体育运动委员会（于 1998 年 3 月改组为国家体育总局）成立了中国国际体育旅游公司，这标志着国家对体育旅游管理的正式介入和推动。当时，除了国家层面的努力外，地方也相继设立了自己的体育旅游公司，如贵州、湖南、甘肃和广东等省份。这些公司虽然起初主要承接常规旅游业务，体育旅游的活动项目相对较少，但基础的建立为后续的发展奠定了重要的基石。

进入 20 世纪 90 年代，随着中国经济的飞速发展和改革开放的不断深入，国民生活水平得到了显著提高。特别是国务院颁布的新休假条例，极大地激发了国内的旅游需求。在这种背景下，体育旅游凭借其独有的刺激性和娱乐性，开始赢得人们的广泛关注。体育旅游项目，如登山、滑雪、漂流和沙漠探险等活动开始在全国范围内兴起，成为新的旅游热点。各地区根据自身的地理和文化特色，开发了一系列体育旅游产品。例如，青藏高原的高海拔登山、黄河的惊险漂流、东北地区的冬季滑雪、湖北的传统赛龙舟、郑州的少林武术展示，以及内蒙古的那达慕大会等。这些活动不仅丰富了体育旅游的内涵，也为地方经济的发展带来了新的动力。总之，在 1985 年至 1994 年的探索起步阶段，中国的体育旅游行业经历了从初步设立管理机构到逐渐丰富活动内容的转变。这一时期的发展为中国体育旅游的后续繁荣打下了坚实的基础，并展示了体育旅游在促进经济与文化发展方面的巨大潜力。

3. 体育旅游的稳步发展阶段（1995 年至 2008 年）

1995 年至 2008 年是中国体育旅游的重要发展阶段。在这一阶段，中国体育旅游业从一个初步探索的新兴行业逐步转变为具有显著经济和社会影响力的成熟产业。这一时期，体育旅游业的发展得益于政府的积极推动和社会民众对健康生活方式的日益关注。

1995 年，原国家体育运动委员会副主任张发强提交了一份具有里程碑意义的报告——《关于体育旅游业的几个问题》，这是国内首次正式将体育旅游业定位为一个独立的产业。这份报告不仅阐述了体育与旅游的融合关系，还详细讨论了体育旅游与全民健身之间的互动，为体育旅游业的发展吹响了集结号。[1]2000年悉尼奥运会期间，中国旅游行业首次以“体育旅游”为主题，组织了144名游客分批前往悉尼观看奥运，这标志着我国体育旅游向国际化迈出了实质性的步伐。这一事件不仅促进了国内外体育旅游的交流，也展示了体育大赛的吸引力。进入21世纪，原国家旅游局在2001年推出了“中国体育健身游”活动，发布了一系列具有地方特色的体育旅游产品，涵盖了60项大型活动和80种专项产品。这些活动旨在通过体育旅游推动全民健身，同时带动相关体育设施和景观的建设，如“环太湖体育圈”和“北京龙潭湖体育主题公园”。2005年，国家体育总局宣布在全国范围内建设16个“体育圈”项目，如“环青海湖民族体育圈”。这些项目旨在进一步整合体育与旅游资源，促进地方经济发展。2008年，随着北京奥运会的举办，中国体育旅游业迎来高潮，国家开展了“中国奥运旅游年”的活动，提升了中国体育旅游的国际影响力。

4. 体育旅游业的快速发展阶段（2009年至今）

自2009年以来，中国体育旅游业得益于国家层面的政策支持和地方政府的积极响应，进入前所未有的快速发展阶段。2009年12月1日发布的《国务院关于加快发展旅游业的意见》（国发〔2009〕41号），多次强调推动体育产业与旅游业的融合发展。2009年12月10日，国家体育总局与原国家旅游局发布了《促进中国体育旅游发展倡议书》，进一步明确了体育旅游产业融合发展的方向和策略。

随着这些顶层设计的逐步实施，体育旅游在中国迅速兴起，并表现出几个显著的发展趋势。首先，地方的体育旅行社和体育俱乐部如雨后春笋般涌现，这些新兴的体育旅游从业机构不仅推动了体育旅游业务的多样化，也促进了相关产业的兴旺，同时在推广地方特色体育项目方面

① 郭秋生，柏连龙，刘天悦．体育旅游学[M]．哈尔滨：哈尔滨地图出版社，2005：71.

起到了关键作用。其次，体育旅游产业已经带来可观的经济和社会效益。随着国内外游客对体育旅游日益增长的兴趣，相关活动的举办不仅增加了当地的经济收入，还显著提升了当地的品牌价值和国际影响力。同时，体育旅游的社会效益也日益凸显。它通过促进健康生活方式和文化交流，增强了社区的凝聚力和地区的文化自豪感。[①] 最后，体育旅游产品体系已经初步形成，涵盖了体育赛事、冰雪运动、水上运动和民族民俗活动等多种内容。这种多元化的产品结构不仅满足了不同游客的需求，也使得旅游目的地吸引了更广泛的旅游人群。随着旅游消费从单一的观光向多样化的体验和参与转变，这些体育旅游活动为旅游目的地带来了新的生机和更大的经济效益。

综上所述，自 2009 年以来，中国体育旅游业在政策的推动和市场需求的双重作用下，不仅快速成熟起来，还促进了旅游产业结构的优化和地方经济的全面提升，展现出持续发展的良好前景。

第二节　体育旅游产品设计的理念与原则

体育旅游，作为一种结合了体育活动与旅游体验的产业模式，不仅丰富了旅游业的产品种类，也满足了现代人追求健康、休闲生活的需求。设计高质量的体育旅游产品，不仅能够促进旅游目的地的经济发展，还能提升地区的国际形象。

一、体育旅游产品设计的理念

体育旅游产品设计应遵循可持续发展、体验设计、整合资源、促进健康、文化教育等理念（图 1–1）。这些理念旨在确保产品不仅能吸引游

① 潘丽霞．全域旅游视域下中国体育旅游发展研究 [M]. 北京：九州出版社，2021：128.

客，也能对环境和社区产生正面影响，从而确保经济的可持续发展。

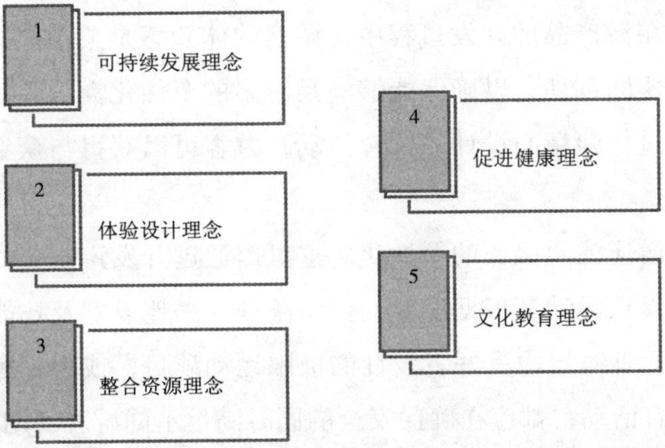

图 1-1 体育旅游产品设计的理念

（一）可持续发展理念

在体育旅游产品的设计过程中，坚持可持续发展理念至关重要，它可以确保环境、社会和经济三方面的平衡发展。设计体育旅游产品时，环保应是一个核心考虑因素，如通过优先选择可再生资源和采取环境友好型措施来降低对自然生态的影响。具体而言，可为旅游设施装配太阳能发电系统，并推荐使用电动或混合动力车辆等低碳交通工具，以减少活动对环境的总体碳足迹。除了注意环境保护外，体育旅游产品的设计还应当积极影响当地经济，带动社区共同发展。这不仅包括创造直接的就业机会，如雇用当地居民参与活动的组织和实施，还包括间接地支持当地小型企业和供应商，如采购当地生产的食品和其他物资，以及利用当地的餐饮和住宿等服务。这种经济活动的促进，应在确保不损害当地生态和文化的前提下进行，以实现地区经济的长期稳定增长。

（二）体验设计理念

在体育旅游产品的开发过程中，游客的体验感是关键。这意味着产品设计必须不断创新，以确保能够满足游客的个性化需求，并提供充分的互动。通过体验精心设计的体育活动，游客可以获得与众不同的参与感和满足感。

体育旅游应注重服务的个性化。这可以通过开发定制化的旅游方案来实现，即每项活动都根据游客的体质条件、兴趣爱好及技能水平量身定制。例如，针对冒险爱好者设计的极限运动项目，或为家庭提供的儿童友好型体育活动，都应在确保安全的同时满足不同游客的期待。此外，技术的应用也是提升游客体验的一个重要方面。利用最新的技术，如虚拟现实（VR）和增强现实（AR），可以极大地丰富游客的体验。通过VR头盔，游客即便是在酒店的房间内也能身临其境地体验潜水或高空跳伞等活动。这类技术不仅能提供传统体育活动难以提供的新体验，还可以为身体条件受限较多的游客提供合适的参与方式。

（三）整合资源理念

在设计体育旅游产品时，汇集和利用多领域资源是实现创新及提高吸引力的关键策略。这种整合不仅涵盖了体育领域，还包括文化、教育等多个方面。合作是实现资源整合的有效方式。通过与地方体育组织、文化中心及教育机构建立合作关系，体育旅游产品可以更深层次地融入当地文化元素与教育思想，从而提供更加丰富和深入的旅游体验。例如，可以与当地的体育协会合作，引入地区传统的体育项目作为旅游体验的一部分，如龙舟赛、传统武术表演等。这些活动不仅展示了地方的独特文化，也为游客提供了参与和体验的机会。此外，结合当地的节庆活动，如丰收节、传统新年庆典等，可以进一步增强体育旅游产品的吸引力。这样的活动使游客能够与当地居民一道庆祝，感受节庆的喜悦氛围，增进游客对该地文化的认识。

（四）促进健康理念

在当今健康意识日益增强的社会背景下，体育旅游产品的设计理念应当充分融入能促进健康的积极的生活方式。设计包含各种体育活动的旅游产品，不仅可以吸引那些热衷于体育的游客，也可以激励更广泛的公众参与。体育旅游产品可以包括一系列的户外活动，如远足、骑行以及各种水上活动。这些活动在锻炼身体的同时，能让参与者在大自然中得到精神上的放松和重建。例如，设计一条穿越原始森林的远足路线，使游客在向导的带领下可以观赏到独特的野生动植物和壮丽的自然景观，这种亲近自然的方式无疑增强了体育活动的吸引力。又如，还可以创建以健康为主题的体验式旅游套餐，如全方位健康营，结合当地的自然和文化资源，给游客提供从身体到精神的全面体验。再如，通过专业教练的指导，游客不仅可以学习瑜伽等健身项目，还可以通过参加烹饪课程学习制作健康美食。

（五）文化教育理念

在设计体育旅游产品时，融入文化教育是一种创新的方法，能够使旅游体验更加丰富和有意义。这种设计理念以体育活动为载体，吸引游客积极参与，使他们在体育活动中能够接触并学习当地的传统文化。例如，可以开发一系列体育活动，用于展示当地的传统体育和文化遗产。通过这些活动，游客不仅可以体验运动乐趣，还可以深入理解文化的根源和发展历史。这一点可以通过包括文化工作坊和交流会在内的活动来实现。又如，地方艺术家或者传统体育专家对马术、武术或传统舞蹈等特定的体育活动进行讲解，并展示它们是如何与当地的历史和社会相联系的。

遵循上述理念，体育旅游产品设计能够更全面地满足现代游客的需求，同时为旅游目的地带来长远的社会、经济和环境效益。

二、体育旅游产品设计的基本原则

设计体育旅游产品时遵循以下基本原则，不仅可以确保产品的吸引力和实用性，还可以提高游客的满意度和体验感。

（一）游客导向原则

在设计体育旅游产品时，游客导向原则至关重要。这一原则强调在产品开发阶段应深入进行市场分析，精确把握不同消费者群体的需求，包括对各年龄层、家庭结构、运动专业水平等不同特征的游客需求进行细致的研究，从而设计出能够满足这些具体需求的体育旅游项目。具体而言，针对有小孩的家庭，体育旅游产品应包括安全的儿童游乐设施、家庭亲子活动以及适合所有年龄段参与的轻松运动项目，如家庭自行车游或轻松徒步旅行。这些活动不仅要安全，还要考虑娱乐和教育的双重功能，以提升整个家庭的旅游体验。针对专业运动员或健身爱好者，设计的体育旅游产品则需包括专业级的训练设施，如配备先进设备的健身房、专业的运动场地并提供专业指导的训练课程。此外，还可以设置高级别的竞技活动，如马拉松、铁人三项等。这些活动不仅可以满足他们的训练需求，还能给予他们挑战自我极限的机会。

（二）创新与创意原则

体育旅游产品的设计应始终贯彻创新与创意原则，这包括引入新兴科技和开发未被充分利用的体育项目，以便给游客提供前所未有的体验。例如，运用最新的 AR 和 VR 技术，可以创造出独特的体育体验，如模拟全球著名马拉松赛事的虚拟赛跑，使游客不离开旅游地就能体验跨国界的竞赛。此外，可以结合穿戴式设备监测游客的生理指标，如心率、卡路里消耗等信息，提供定制化的健康与训练建议。这样的健康管理服务不仅增强了体育旅游的吸引力，还通过个性化的健康数据提高了游客的参与感和满意度。

（三）质量为先原则

在体育旅游产品的设计过程中，坚持质量为先原则是确保游客满意和业务成功的基石。这要求提供的每项服务都必须达到安全和质量标准。具体来说，这意味着所有体育活动都应在安全的条件下进行，包括使用安全设备，以及确保所有的活动场所都经过严格的安全认证。此外，拥有具备专业资格的教练和医疗救援人员非常关键。专业教练能提供必要的技术指导，确保活动的正确性和安全性；医疗救援人员能在紧急情况下提供及时的医疗援助，从而极大地降低体育运动风险。定期的设施维护和技术升级也同样重要。体育设施和相关设备必须保持在最佳状态，以防设备老化或损坏可能导致的安全问题。例如，定期更换运动器材的耗材部件，检查安全保护装置的完整性，以及更新救生和急救设备都是确保服务质量的重要措施。

（四）文化融合原则

在体育旅游产品的设计过程中，坚持文化融合原则有重要意义。这一原则强调将体育活动与地方文化紧密结合，以提高游客的参与感和体验的丰富性。这种设计方法不仅能让游客在参与体育活动的同时了解地区的历史和文化，还有助于推广和保存这些独特的文化遗产。例如，可以直接将体育活动与当地的文化庆典相结合。各地可以推出一些结合当地传统节日的体育活动，如端午节的龙舟赛，不仅使游客可以实际参与这些具有深厚文化意义的活动，还能使他们通过这种亲身体验更深入地理解节日背后的文化和传统。此外，体育旅游产品还可以与一些教育活动，如讲座或互动研讨会相结合，由当地专家或长者介绍相关的历史背景和文化意义。例如，可以组织一次关于传统体育项目的工作坊，讲解其起源、发展以及对当地社会的重要作用，如夏威夷的冲浪、日本的柔道等。这样做不仅丰富了体育活动本身，也让游客得以了解当地的精神和文化核心。

（五）可访问性原则

遵循可访问性原则在体育旅游产品的设计中起着举足轻重的作用。这一原则要求产品和服务必须为所有人提供，包括有特殊需求的群体。这就意味着要在设计和实施过程中考虑广泛的可访问性和包容性，从而确保每个人都能平等地享受旅游和体育活动的乐趣。具体来说，体育旅游产品应包括为身体障碍者专门设计的设施，如无障碍通道、特制的休息区以及适配的运动设备。例如，提供适合轮椅通行的徒步路径和特别配置的运动器材，使轮椅用户也能参与户外活动。同时，视觉和听觉障碍者也应该能够通过特定的辅助设备和服务获得全面的支持，如体育旅游产品提供触觉信号的导览设备和手语翻译服务。此外，所有的宣传材料和沟通信息都应使用简洁的语言和高对比度的视觉设计，确保信息传递的有效性。此举不仅有助于提升游客的整体体验，还可以减少由信息理解不当而引发的混淆或不便。

第三节　体育旅游产品设计中的关键问题

体育旅游独特地融合了观光休闲与体育运动的元素，为游客提供了一种全新的体验方式。开发此类旅游产品的关键在于平衡旅游的乐趣和体育活动的兴奋感。这意味着设计团队必须精心策划活动，确保游客不仅能享受到传统旅游的轻松和愉悦，也能体验到运动带来的健康益处和精神振奋，从而在体育旅游中获得双重满足。因此，在体育旅游产品的设计中，以下问题是必须考虑的（图 1–2）。

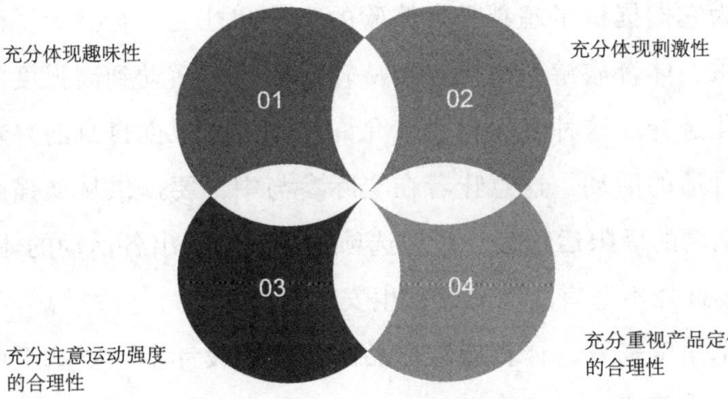

图 1–2 体育旅游产品设计中必须考虑的关键问题

一、充分体现趣味性

在体育旅游产品的开发中，趣味性是相当重要的因素。它不仅能提高游客的情感参与度，还能显著提升整体旅游的体验价值。设计富有趣味性的体育活动，需要综合考虑消费者的需求、地域特色及文化背景，以确保产品的吸引力和市场竞争力。

根据经验经济学理论，消费者更倾向于购买能提供记忆价值和情感体验的产品。

首先，体育旅游活动的设计应充分利用当地的自然资源和文化元素。例如，在沙漠地区开展滑沙活动，或在热带雨林中开展空中飞索活动。这些活动不仅利用了当地独特的地理环境，还提供了不可复制的体验，从而极大地吸引了寻求独特新奇体验的游客。进一步地，将这些活动与当地文化相结合，如在进行滑沙活动的同时，由专业人员讲解当地的历史和民俗，可以提升活动的文化深度和教育价值。其次，增加活动的互动性和游戏元素是提升趣味性的有效策略。例如，通过组织主题式的体育赛事，如迷你奥运会或传统体育运动会，不仅可以加强游客之间的互动和竞争，还能提高团队协作精神和集体归属感。这类活动通常更具吸引力，因为它们提供了超越日常体验的竞技和社交机会。为了满足不同游客的需求，体育旅游产品应包括从轻松的家庭活动到高强度的冒险运动等多样化选择。这种多样化设计允许每位游客根据自身的兴趣和身体条件选择合适的活动。这意味着在实际参与中，要提供从低强度的徒步旅行到高强度的极限运动等一系列选项，并明确指出各活动的体能要求，以防止游客选择不适宜的活动而发生安全事故。

从学术角度来看，体育旅游产品的趣味性设计不仅要基于市场和消费者行为的实证研究，还应融入心理学和社会学的理论，以确保活动能更好地满足游客的需求。此外，持续的市场研究和游客反馈分析也是优化产品设计、保持其市场竞争力的关键。

二、充分体现刺激性

在体育旅游产品的设计中，尤其是针对那些寻求极限挑战和刺激体验的游客，刺激性成为一个不可或缺的要素。这些游客不仅渴望打破日常生活中的平淡，还希望通过参与高风险和具有挑战性的活动来测试自己的极限，体验肾上腺素激增的感觉。因此，设计刺激性强的体育旅游产品就显得尤为重要。首先，野外探险、海底探险、沙漠探险、狩猎旅游、激流漂流、攀岩以及高山探险等旅游产品本身就具有很大的风险和挑战性，非常适合那些寻求极限挑战和刺激体验的游客。例如，高山探险可以包括攀登世界著名的高峰，激流漂流则可以在激流中进行皮划艇漂流。为了增强这些活动的吸引力，设计人员可以在安全的前提下引入更多的未知元素并提高难度。例如，在森林探险中设置生存游戏，模拟生存挑战，或者在攀岩中选用只有经验丰富的攀岩者才敢挑战的路线。通过这种方式，体育旅游活动不仅可以满足游客的冒险欲望，还可以让他们在活动中得到极致的满足感。其次，为了保证活动的安全性与刺激性并存，旅游目的地必须采用先进的设备和技术，同时提供专业的指导和支持，包括使用顶级的安全装备，以及聘请经验丰富的导游和教练。这样不仅能确保活动的安全进行，还可以在必要时为游客提供专业的技巧指导和心理支持。最后，刺激性体育旅游产品的推广也非常关键。旅游目的地应通过各种渠道，如社交媒体、旅游展览会以及与冒险运动社区的合作，采用生动的图片和视频展示这些活动的刺激性和挑战性，有效激发潜在客户的兴趣，吸引更多志同道合的冒险爱好者。

三、充分注意运动强度的合理性

在开发健身体育旅游产品时，合理安排运动强度是至关重要的。这类产品虽然旨在帮助消费者达到一定的健身目标，但同时必须考虑到大多数消费者并非专业运动员，他们的体能和耐力都有限。因此，确保活动强度既能激励参与者，又不至于使参与者过度劳累，是设计这类旅游产品时的一个核心考量。第一，这类产品应包括不同强度级别的体育活动，以适应不同体能水平的参与者。例如，可以为初级运动爱好者提供轻松的徒步和瑜伽课程，为中级运动爱好者提供跑步和轻度登山活动，而为寻求更大挑战的高级运动爱好者则提供高强度的越野跑或攀岩等项目。通过这样的分级，每位游客都能根据个人的体能和健身需求选择合适的活动，从而避免由于运动强度不当而造成体力透支。第二，设计团队应提供完备的活动前培训和指导，确保每位参与者都了解各项活动的具体要求和潜在风险。同时，还可以通过引入智能健康监测设备，如心率监测器和活动跟踪器，实时监控参与者的身体状态，及时调整活动强度，确保其运动量处于安全合理的范围内。第三，体育旅游产品还应包含充分的休息和恢复时间。设计团队可以在活动日程中安排适当的休息日和恢复活动，如水疗、按摩或轻松的散步，帮助游客消除疲劳，恢复体力。这不仅有助于游客保持身体和心理健康，也能提升整体旅游体验的质量。第四，为了更好地满足健身游客的需求，体育旅游产品还应提供定制化的服务选项，允许游客根据个人偏好和体能条件调整旅程中的运动计划。通过灵活的设计和个性化的服务，体育旅游产品可以更精准地满足不同游客的健身和休闲需求，确保他们在追求健康的同时享受旅游的乐趣。

四、充分重视产品定价的合理性

在体育旅游产品的开发和市场定位中，产品定价策略扮演着关键角色。合理的定价不仅关系到产品的市场竞争力，也直接影响着消费者的购买决策。体育旅游作为一种综合性服务产品，其价格策略应综合考虑目标消费群体的支付能力、消费习惯以及市场的供需状况。根据经济学中的需求定律，消费者对价格变化的敏感度（价格弹性）会影响其购买行为。在高端体育旅游产品如高尔夫旅游中，目标消费群体通常对价格不太敏感，而且更注重服务质量和独特体验。然而，消费者对大众化的健康休闲旅游产品价格变化较为敏感，往往倾向于寻找性价比高的选项。

在制定体育旅游产品的定价策略时，管理者首先需要进行深入的市场细分和消费群体分析。例如，对于高尔夫旅游产品，管理者需识别潜在的境内外市场。相对于东南亚、日本和欧美等成熟市场，国内高尔夫市场尚未成熟。消费者对高端体育旅游的参与度较低，这与国内消费者的价值观念和消费习惯有关。定价策略还应考虑竞争环境。对于高尔夫等尚未在国内广泛普及的体育旅游项目，参照国际市场的定价策略和服务标准是有必要的。通过对比国内外同类产品的价格和服务水平，管理者可以设定一个既能吸引国际消费者，又符合国内市场发展状况的合理价格。产品定价必须充分考虑成本因素，包括直接成本（如场地使用费、设备折旧费、教练员工资）和间接成本（如市场营销费用、行政管理费用）。此外，管理者还应考虑潜在的经济规模效应，如随着参与者数量的增加，单位成本会降低，即可提供定价策略调整的空间。针对不同的消费群体，体育旅游产品可以采用差异化定价策略。例如，对于高端市场，如高尔夫旅游，可以设定高价策略，提供专业、个性化和高质量的服务；对于大众市场的健康休闲游，则应强调性价比，采用成本加成或价值定价策略，吸引价格敏感的消费者。

第四节　体育旅游产品营销的特性及新发展

一、全球化背景下的体育产业

全球化自 20 世纪 80 年代以来已成为推动世界各行各业变革的主要力量，体育产业也不例外。特别是进入 20 世纪末期，全球化的步伐显著加快，亚洲、东欧、非洲等新兴市场的体育产业呈迅速发展趋势，且随着技术进步不断加深。全球体育贸易的增长使得体育活动的国际化推广更加频繁，体育组织和联盟也越来越重视全球发展战略的制定和实施。在这种背景下，体育旅游产品的市场营销策略需适应全球化的新要求。全球化不仅带来了市场的拓展机会，也引入了外来的竞争者。营销人员在推广体育旅游产品时，必须考虑到全球化的多重影响，包括不同地区的文化多样性、消费者行为的差异以及国际市场的法规与经济条件。

（一）体育产业全球化发展的动因和条件

体育产业全球化的发展受到多种动因和条件等因素的共同作用，使体育活动、产品及相关服务能跨越国界，吸引全球范围内的消费者。

1. 资本的逐利动机

资本追求利润最大化的本性驱使体育行业不断寻求新的市场机会。尽管欧美的体育市场规模庞大，但由于其市场已趋于饱和，增长潜力有限，特别是在 2008 年全球经济危机之后，这些地区的市场增长更是显得乏力。因此，许多体育企业纷纷将目光转向了增长迅速的新兴市场，如亚洲、东欧和非洲，寻求通过开发这些未充分挖掘的市场来增加收益。

2. 新兴体育市场的崛起

随着20世纪以来新兴市场国家居民可支配收入的提高，加之更加灵活的工作制度，如五天工作制、弹性工作制及定期休假制的推广，这些地区的人有了更多的闲暇时间。这些变化促进了体育消费需求的增加，为体育产业的全球化扩张提供了坚实的市场基础。

3. 传播技术的革命

信息技术和通信技术的迅速发展，特别是卫星传输技术和网络技术的进步，极大地推动了体育赛事的全球传播。现在，全球观众可以通过电视和互联网实时观看世界各地的体育比赛，从奥运会到世界杯足球赛，体育赛事的全球观众群体因此得以扩大。这种技术进步不仅为体育内容的全球化传播提供了可能，也使得体育营销能够利用数字平台触及更广泛的国际消费者。

综上所述，资本的逐利动机、新兴市场的崛起以及传播技术的飞速发展共同推动了体育产业的全球化。体育企业需充分利用这些条件，制定相应的国际化战略，以便在全球市场中获得竞争优势。

（二）体育产业全球化的主要表现

体育产业全球化的表现日益明显，体现在职业体育组织的国际扩展、体育用品公司的全球供应链布局、国际体育中介的跨国经营以及体育赛事的全球传播等多个方面。

1. 职业体育组织的国际拓展

随着全球化进程的加速，许多知名的职业体育联盟和俱乐部开始通过在海外设立分支机构、举办国际商业比赛或表演赛以及招募外籍球员和教练员来拓展市场。例如，美国职业棒球大联盟（MLB）在悉尼设立办事处，美国职业篮球联赛（NBA）在中国成立子公司。这些海外分支通过组织各种体育活动来推广其运动项目和品牌，同时致力于销售特许产品和纪念品，争取商业赞助。此类国际拓展不仅提升了联盟和俱乐部的全球影响力，也显著增加了其经济收益。

2. 体育用品公司的全球价值链布局

全球化也极大地影响了体育用品行业。例如，耐克、阿迪达斯等领军企业已经在全球范围内优化了它们的供应链，特别是在发展中国家寻找代工厂和渠道商，利用当地廉价的劳动力，同时发挥自身在资金、品牌、技术和管理方面的优势，构建了全球的生产和分销网络。这种策略不仅降低了生产成本，也使得这些品牌能够快速响应全球市场的变动，从而保持竞争优势。

3. 国际体育中介的跨国经营

在体育市场全球化的驱动下，体育中介和管理集团，如美国的国际管理集团等积极开展跨国经营。例如，国际管理集团在全球设有 60 多个办事处，管理着近 2 000 名来自世界各地的顶尖运动员和教练员。此外，该集团还成立了体育咨询、广告、制片和转播公司，为全球各地的体育项目提供咨询规划服务，有效促进了体育产业的国际化和专业化发展。

4. 体育赛事的全球传播

随着电视和互联网技术的普及，体育赛事的国际传播变得前所未有的便捷。全球观众可以通过多种媒介平台观看各地举办的体育比赛，这不仅扩大了赛事的国际观众基础，也为赞助商提供了极具吸引力的国际曝光机会。

（三）全球化趋势下的体育产业营销策略

在体育产业日益全球化的当下，跨国的资源流动和市场竞争已成为常态。体育产品贸易和资本流动壁垒的降低，促进了体育资源的全球流动，从而形成了一个广阔的全球体育市场。这一市场的形成意味着体育产业从业者不仅要应对本土竞争对手，还必须应对国际市场上的竞争对手。例如在中国，NBA 的人气明显超过了中国男子篮球职业联赛（CBA）。NBA 的比赛和球星在中国拥有庞大的球迷基础，这不仅影响了 CBA 的市场地位，也暴露了 CBA 在运营和市场推广中的不足。

鉴于全球化的竞争压力，体育产业从业者需要采取一系列策略来提升其国际竞争力。

1. 树立全球竞争意识

体育产业从业者首先需要更新观念，认识到即使是本土市场也受到全球动态的影响。全球竞争意识的树立是企业制定有效市场策略的基础，它要求企业不仅要关注国内市场的需求和变化，也要对国际市场保持敏感并提升响应速度。

2. 制定全球化营销战略

企业需要制定具有前瞻性的全球化营销战略，包括在全球范围内寻找最佳的市场机会。例如，企业可以通过市场研究确定哪些地区对某种体育产品或服务有更大需求，哪些地区的市场尚未饱和，以及如何通过差异化的产品或服务满足不同地区消费者的特定需求。

3. 关注市场环境差异

全球市场充满多样性，包括文化、法律、经济和社会环境的差异，这些都应成为制定营销战略的关键考量因素。体育产业从业者应通过深入研究了解各个目标市场的具体特点，以定制化的营销战略应对不同市场的需求和挑战。

4. 增强品牌国际化能力

增强品牌国际化能力是提升竞争力的重要策略。这包括利用国际赛事、跨国赞助和合作，以及国际广告和公关活动提高品牌的全球知名度和影响力。同时，引入国际化人才和采用先进的国际管理模式，可以有效提升组织的操作效率和市场响应速度。

二、互联网环境下的体育营销

随着互联网技术的飞速发展，体育营销领域正在经历一场深刻的变革。互联网作为20世纪的重大科技发明，是当代先进生产力的重要标志，不仅深刻地推动了经济、政治、文化及社会的全面发展，也极大地促进了社会生产生活和信息传播的革新。

在体育营销方面，互联网的普及和技术的进步已经极大地提高了体育内容的可达性并扩展了消费者的参与方式。首先，互联网使得观众能够通过网络直播观看国内外赛事，打破了地理和时间的限制，扩大了体育赛事的观众基础和市场覆盖范围。其次，消费者还可以通过电子商务平台方便快捷地购买比赛门票和各类体育用品。这不仅提高了购物的便利性，也为体育品牌产品的销售提供了新的增长点。最后，互联网还增强了体育迷与体育明星之间的互动。通过社交媒体平台，体育迷可以直接与他们喜爱的运动员交流、讨论，甚至影响运动员的公共形象和品牌合作。这种直接互动提高了体育迷的忠诚度，也为运动员和俱乐部提供了深化他们与体育迷之间关系和品牌建设的新途径。对于体育产业从业者而言，互联网技术的利用不仅仅是工具或渠道的更新，更是营销策略全方位革新的契机。网络技术的应用使得营销活动可以更精准地定位目标消费者，通过数据分析优化广告投放和内容定制，实现营销资源的效益最大化。同时，这种技术进步也带来了成本效益的优势，数字化营销降低了传统广告和市场活动的费用。然而，网络销售渠道的便利性也给体育产业从业者带来了价格挑战。在全球范围内的电子商务平台上，产品价格透明化和市场竞争激烈化要求体育产业从业者在保持品牌价值的同时，灵活调整销售策略以适应市场变化。

总之，互联网技术已成为体育营销不可或缺的组成部分，为体育产业带来了前所未有的市场扩展和消费者互动机会。体育产业从业者必须充分利用这一平台的潜力，以创新的思维和策略应对日益激烈的全球竞争。

三、体育产业娱乐化趋势下的体育营销

随着体育产业的不断演变，职业体育已逐渐融入娱乐业，形成了一种以体育为主题的综合娱乐产品。这一趋势尤其在美国体现得淋漓尽致，在一些大型体育赛事中，体育与娱乐业的界限日益模糊，两者的密切合作为赛事带来了更多元的观赏层次和娱乐价值。体育赛事的娱乐化不是表面上娱乐元素的堆砌，而是体育赛事逐渐成为人们生活中的一部分，成为日常休闲消费的重要选择。在这一过程中，赛事的观赏性自然成为吸引观众的关键。尽管竞技水平依然是吸引观众的基础，但体育产业从业者必须认识到，仅仅依靠运动员的竞技表现已不足以满足观众的娱乐需求。为了提升比赛的观赏性和娱乐价值，体育产业从业者需采取多种策略。首先，明星效应是提升观赏性的重要因素。知名运动员的参与不仅能提升赛事的关注度，还能带来丰富的媒体资源和广告价值。其次，赛事现场的娱乐元素，如啦啦队表演、半场秀、现场 DJ 和主持人的互动环节等，都能极大地加强现场氛围，提升观众的整体体验感。此外，体育产业从业者还应利用现代科技手段增强赛事的互动性和沉浸感。例如，利用大屏幕实时显示比赛精彩瞬间和慢镜头回放，运用 AR 技术为现场观众提供虚拟互动体验，甚至通过社交媒体平台进行实时互动，吸引网上观众的参与。

第二章　体育旅游创新

第一节　创新与体育旅游创新

一、创新的概念与要素

（一）创新的概念

“创新”是经济学家约瑟夫·熊彼特（Joseph Schumpeter）于 1912 年首先提出的。他认为，经济发展不是基于人口、财富的积累性增加而带来的规模扩大，而是经济社会不断实现的生产要素和生产条件的“新组合”，这些新组合就是“创新”。随着科学技术的突飞猛进和人类创新意识、创新能力的提高，创新的范围已大大超出了熊彼特解释的范畴，它不再仅仅是指经济现象，而是已经渗透到政治、军事、科技、文化和社会生活等各个领域。创新的几个定义见表 2–1。

表2–1　创新的几个定义

定义来源	内容表述
《现代汉语词典》	抛开旧的，创造新的
新加坡国家创新计划	将工作中的创意用新方法通过新产品、新流程、新服务、新事业创造价值的过程
熊彼特	将已发明的事物发展为社会可以接受并具商业价值之活动
霍尔特（K. Holt）	一种创造和采用新知识的过程
达曼普尔（F. Damanpour）与埃文（W. M. Evan）	响应环境改变或在组织中带来新的手段
吴思华	可以是新产品、新服务、新的材料、新的制程，基本的表征有三：新颖，有价值，贴心且令人惊奇

续表

定义来源	内容表述
《韦氏词典》	介绍新的东西，新的想法、方法、装置
贝蒂塔·范·斯塔姆（Bettina von Stamm）	包括三个核心要素，即技术上的创新力、产品规划上的创新力及市场营销方面的创新力
《奥斯陆手册》	实现新的或重大改进的产品（商品或服务）、工艺、新的营销方式，或在经营策略、工作场所组织或外部关系中的新的组织方式等，分为产品创新、工艺创新、营销创新和组织创新
易杰雄	指人们在实践中通过研究发现了关于自然、社会和人本身及他们之间的相互作用的新过程、新本质和新规律，以及运用这种新的认识发明了新的技术，首创了新的实践方法，创造出了新的事物与过程，是就其过程，更是就其最终成果而言的

综上所述，本书将创新的定义归纳为创新主体在实践中发现了新过程、新本质和新规律，用新方法通过新产品、新流程、新服务、新事业创造价值的过程。

（二）创新的要素

1. 创新主体

创新主体即创新活动的承担者，其具备的四个条件是创新意识、创新精神、创新目的和创新能力。创新意识是指关于创新的内涵、价值、特点和规律的认识；创新精神是指创新过程中表现出来的把创新目的转化为创新结果的情感和意志；创新目的是指创新活动中所要解决的问题从抽象到模糊再到清晰的逐步明确的过程；创新能力是指创新主体在创新过程中，通过自由选择、反复试错和最后决定而获得新成果的能力，包括创新思维能力和创新实践能力。综合而言，只有具备创新意识、创新精神、创新目的和创新能力的人，才有可能成为一个创新主体并实现所期望的创新结果。

2. 创新客体

创新客体由材料客体、问题客体和结果客体三种形式组成。创新客体最初的表现形式是材料客体；在对材料的认识和研究中提出需要研究和解决的问题，创新客体就进入问题客体形式；问题得到解决并形成的研究结果，就是创新客体的结果客体形式。

3. 创新手段

创新手段是指采用的设备、方法、途径和步骤，包括实验仪器设备、研究平台等硬件条件和价值观、团队意识、体制机制、政策等软件条件。联合创新主体和创新客体的创新手段是由创新目的决定的。

二、体育旅游创新

创新是应对旅游业现代化过程中所面临的诸多挑战的必由之路。①它不仅是推动行业前进的动力，也是在激烈的国内外市场竞争中生存的重要工具。作为一个新兴领域，体育旅游的成长过程涉及不断的试探和学习。这需要人们既要借鉴历史经验，也要跳出传统框架，寻找新的动力以适应时代的需求。通过同时注重维持现状和推动创新，体育旅游可以不断增强其核心竞争力。

体育旅游创新的本质在于全面思考、实践和优化。这一过程包括理念、制度、管理、产品、内容、服务和宣传等多方面的创新。通过建立一个综合性创新系统，体育旅游可以持续改进和发展，全力推动产业的现代化转型。这不仅提高了产业的广度和深度，还通过创新积极整合资源，提升了资源利用效率。同时，体育旅游通过构建新兴产业的竞争优势，不断升级服务和消费体系，可以实现跨越式发展。

① 宋慧林，宋海岩. 国外旅游创新研究评述 [J]. 旅游科学，2013，27（2）：1-13.

三、体育旅游创新的要点

体育旅游是一个不断发展的领域，创新是推动其增长和吸引更多参与者的关键。体育旅游的创新可以包括新产品开发、市场营销策略升级、技术应用和客户体验改进。具体来说，体育旅游创新的要点主要包括以下几个方面（图 2–1）。

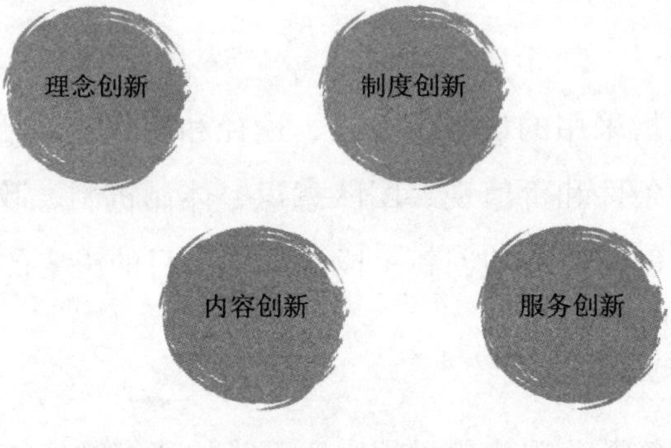

图 2–1 体育旅游创新的要点

（一）理念创新

在体育旅游的发展中，将环保和可持续发展的理念贯彻到项目规划与实施活动中是非常重要的。这种理念创新不仅有助于减少体育旅游对环境的影响，还能促进当地社区的经济社会发展，实现旅游业的可持续发展。

从环保的角度来看，体育旅游项目应采用可再生能源和环保材料。例如，项目可为参与者提供以太阳能为动力的电动自行车，或者使用由风能或水能驱动的设施，这些设施有助于减少碳足迹并促进环境的可持续发展。此外，项目还应推广自然保护区内的非侵入性体育活动，如骑行和徒步。这些活动不仅能最小化对野生动植物的干扰，还可以提升游客的环境保护意识。在选择活动地点和设计路线时，项目开发者应进行详尽的生态影响评估，以确定活动对生态环境的潜在影响，并制定相应的缓解措施。这包括设置参与者数量的上限、活动时间，或者改进游览路径以保护敏感生态区域。在社会责任方面，体育旅游项目可以成为推动当地社区经济发展的平台。通过与当地企业合作，如采购当地生产的食品和手工艺品，旅游项目不仅能够帮助当地小型企业增加收入，还能促进当地文化的传承和推广。此外，体育旅游项目应当优先考虑雇用当地居民，特别是服务和管理等岗位。这样不仅有助于促进就业，还能提升社区成员的技能和生活质量。体育旅游项目还可以设立专项基金，支持当地教育和环保项目。这种资金支持可以用于当地学校的体育设施建设中，或者资助环境保护活动，如植树造林和野生动物保护。这样的措施有助于提高当地居民对环境保护和可持续发展的认识和参与度。

总之，体育旅游的理念创新应该从尊重和保护自然环境、支持和促进当地社区发展的双重角度出发，通过科学合理的项目规划和管理，实现旅游业的环境保护与社会发展的双重目标。这不仅能够提升体育旅游项目本身的吸引力和竞争力，也能为当地带来长远的社会经济效益。

（二）制度创新

在当前全球化和地区一体化的背景下，体育旅游作为一种新兴产业，正日益成为经济发展的新动力。为了促进体育旅游行业的持续创新与发展，制度创新尤为关键，这包括政策支持、合作机制的建立以及国际合作。这些措施能为体育旅游提供稳定的发展环境，扩大其市场影响力。

第一，政府的政策支持是体育旅游创新的重要推动力。政府可以设立专门的基金支持体育旅游项目，如直接投资基础设施建设、新技术应用以及市场营销等关键领域。又如，基金可以用于改善体育设施，或者支持使用环保技术的旅游项目，这些都是提升旅游体验质量的重要方面。此外，政府还可以通过采取税收减免和财政补贴等激励措施，鼓励企业投资体育旅游领域。这种直接的经济激励可以降低企业的运营成本，提高其投资的可行性和吸引力。

第二，合作机制的建立也是推动体育旅游行业发展的关键。地方政府可以与企业及国际体育组织建立合作关系，共同开发和推广国际体育赛事旅游。这种合作不仅可以增强体育旅游的吸引力，还能显著提升地方体育旅游的国际知名度和竞争力。通过与国际著名的体育赛事，如奥运会、世界杯等的组织者合作，地方政府和企业可以共同开发旅游产品，吸引国际游客前来观赛并体验当地文化。

第三，国际合作还可以促进技术和知识的交流。通过成功的体育旅游项目国际合作，本地企业可以学习先进的管理经验和创新技术，从而提升自身的服务水平和运营效率。同时，这种国际合作还可以开拓新的市场渠道，帮助本地体育旅游产品提高国际曝光度。

（三）内容创新

内容创新在体育旅游行业中扮演着至关重要的角色，尤其是融入教育和文化体验方面的内容，不仅拓展了旅游的深度，还提升了旅游活动的参与感和教育价值。通过深入探索体育历史和文化，体育旅游可以为游客提供独特的学习和体验机会，使他们更加全面地了解一个地区或国家的传统。

将体育旅游与学术教育相结合，可为游客提供增值的知识体验。例如，组织游客参观奥运博物馆，不仅可以让他们看到历届奥运会的珍贵文物，还可以使他们通过互动展览了解各种体育运动的发展历程及其在全球文化中的作用。这种旅游模式可以包括讲座和研讨会，由专家介绍不同国家的体育历史和重大体育事件的背景。这样不仅增加了旅游的教育深度，也使得体育旅游超越了传统的观光活动，变成一种对知识的探索。另外，文化体验的内容创新则是通过实践活动让游客直接参与到当地的传统体育项目中。这种体验通常将动手操作和实地体验结合起来，使得游客能够亲身体验并学习到当地独有的体育技能。例如，在内蒙古大草原上组织的马背射箭活动中，游客不仅可以学习射箭技巧，还能体验蒙古族的骑马文化和草原生活方式。同样，在夏威夷，冲浪体验不仅能让游客学习如何冲浪，还能让他们了解冲浪在当地社会中的文化意义及其与海洋的深层次关系。这种文化体验的内容创新有效地将体育活动与文化教育结合起来，不仅提升了旅游活动的趣味性，还深化了游客对当地文化的理解和尊重。

（四）服务创新

服务创新在体育旅游行业中起着重要的作用。它不仅能提升客户的满意度和忠诚度，还能显著增强旅游体验的质量和效果。具体到体育旅游领域，服务创新主要表现在个性化服务和增值服务两个方面。通过提升服务，旅游企业能够更好地满足客户的多样化和个性化需求。

个性化服务是通过分析客户的旅游历史、健康状况、个人喜好等数据来制订旅游计划。这种服务允许旅游企业为每位游客设计独一无二的旅游计划，以精确匹配他们的需求和兴趣。例如，针对那些有特定健康限制的游客，旅游企业可以提供低强度但富有文化特色的体育活动，如轻松的徒步旅行或水疗服务。此外，通过利用大数据和人工智能技术分析游客的行为模式和偏好，旅游企业可以在客户到达目的地之前，预测并准备好他们可能感兴趣的活动和服务，从而大幅提升其满意度。另外，旅游企业也可以通过增值服务进行服务创新。增值服务即通过提供额外的便利和教育资源来增强客户体验。多语种导游服务可以有效解决语言障碍，让不懂汉语的游客也能享受到无障碍的旅游体验。文化教育课程可以深化游客对当地历史和文化的理解，如通过专业讲座或互动工作坊介绍地方体育历史或当地传统体育项目。健康饮食建议也是一项重要的增值服务。尤其是在体育旅游中，提供有针对性的饮食建议可以帮助游客保持更佳的体能状态。可以说，这些服务的提供显著提高了旅游的附加价值。

这些服务创新不仅提升了体育旅游的吸引力，也为旅游企业带来了竞争优势。研究表明，高度个性化的服务和增值服务能够有效提升客户忠诚度和复购率。此外，这种服务的提升也有助于口碑传播，从而吸引更多寻求高质量体育旅游体验的游客。

第二节　体育旅游创新实践

体育旅游作为一个动态发展的行业，其持续增长和竞争力的提升依赖于创新的多方面实践。这包括技术创新、管理创新以及市场创新，每个方面都对体育旅游业的发展模式和竞争环境有着深远影响。

一、技术创新与体育旅游

技术创新对体育旅游产业影响深远。它不仅改变了产品的提供方式，也重新定义了顾客体验。具体来说，VR、AR 以及物联网（IoT）技术的应用，为体育旅游带来了变革。

（一）VR 技术

VR 技术在体育旅游领域的应用已成为一种创新趋势。它通过高度沉浸式的环境模拟，极大地提高了体育活动的可访问性和安全性。VR 技术的核心优势在于其能够创造几乎真实的活动体验，用户只需佩戴 VR 头盔及相关传感器，即可在虚拟环境中体验潜水、滑雪、攀岩等本来需要特定地理环境或具有较高风险的体育活动。

从技术发展的角度看，VR 设备，如头戴式显示器（HMD）、体感传感器和手持控制器等，通过高精度的头部跟踪和立体显示技术，能够在用户的视觉、听觉甚至触觉上模拟现实体验。例如，现代VR设备能够追踪用户的头部和手部动作，通过动态视场的调整和环境音效的变化，为用户营造出一种身临其境的感觉。此外，高级的VR平台还可以通过特定的硬件，如跑步机和风扇模拟真实的运动感和环境条件（如风速和气味）。随着VR技术的持续进步，其在体育旅游中的应用将更加多样和深入。一方面，VR可以结合人工智能技术，提供更加智能化和个性化的训练辅助，如模拟不同技能水平的对手进行比赛；另一方面，随着设备的轻便化和成本的进一步降低，公共体育设施，如健身房和体育中心可普遍配备VR设备，使更多的人能够享受到虚拟体育旅游的乐趣。

（二）AR技术

AR技术是通过叠加数字图像和信息到现实世界中，从而增进人们对现实世界的感知和交互的一种先进技术。在体育旅游领域，AR技术的应用正变得日益广泛。它不仅丰富了观众的观赛体验，也为历史场馆的参观提供了更为丰富的信息层次和更强的互动性。

在体育旅游中，AR技术可以通过多种方式增强游客体验。例如，通过使用AR眼镜或智能手机应用，游客在参观历史悠久的体育场馆时，可以看到清晰的现实视图，其中包括历史资料、著名球星的详细信息，甚至过去比赛的精彩瞬间重播。这种交互式的参观体验不仅使得参观过程更加生动有趣，也提升了教育的价值。AR技术同样可以在现场观看比赛时发挥重要作用。通过实时数据统计和图像解析技术，观众能够获得比赛的深度信息，如球员统计数据、战术布局等。这些信息会直接叠加在观众的视野中，从而极大地提升观赛的沉浸感并加深理解程度。例如，在观看足球比赛时，AR系统可以显示球员的跑动路线、速度以及球队的阵型变化，使观众即时获得比赛的关键信息，从而更加精确地理解比赛进程和战术执行。

AR 技术的引入，不仅改善了观众的体验，也提高了体育赛事的商业价值。通过提供更加丰富的信息和互动体验，AR 技术增强了观赛的吸引力，这可以转化为更高的门票和相关商品的销售收入。未来，随着 AR 技术的进一步发展和成本的降低，其在体育旅游中的应用将更加广泛。AR 技术将不再局限于大型体育赛事和历史场馆，而被用于更多的户外体育活动和小型赛事中。

（三）物联网技术

物联网技术通过网络连接广泛的设备和系统，实现了信息的高效流通和数据的集成分析，从而使体育旅游行业的服务个性化和操作效率得到前所未有的提升。这一技术的应用不仅提高了旅游体验的安全性和便利性，还通过精细化管理推动了资源的优化配置。

在体育旅游领域，物联网的核心应用包括实时监控和环境管理两个方面。首先，通过智能可穿戴设备，如健康监测手表和健身追踪器，可以实时捕捉并分析游客的生理数据（如心率、血氧饱和度和卡路里消耗）。这些设备通常与智能手机应用同步，可即时反馈给用户，帮助他们根据自身条件调整活动强度，同时为他们面对紧急情况提供快速响应能力，如在用户体征异常时自动通知救援服务中心和提供地理位置信息。此外，物联网在体育设施的智能化管理中也发挥了关键作用。例如，通过安装感应器和连接中央管理系统的智能灯光与温控设备，管理者可以根据实际使用情况和天气条件自动调整室内外环境。这不仅提高了能源使用效率，也增强了游客的舒适体验。在较大的体育场馆中，物联网技术还可以帮助管理团队监控人流分布，合理调配服务资源，如在观众较多的区域增派安保人员或开放更多的售货摊位。

学术界对物联网在体育旅游中的应用也表现出浓厚的研究兴趣，主要集中在如何通过数据分析提升游客体验、预测设施维护需求以及优化资源分配。未来，随着物联网技术的进一步发展和成本的降低，其在体育旅游中的应用将更加广泛，特别是在个性化旅游体验和可持续旅游管理方面。

二、管理创新与体育旅游

在当前的体育旅游领域，管理创新是推动行业更高效、可持续发展的关键动力。通过引入新的管理理念和技术，体育旅游企业不仅能提升运营效率，还能显著提高顾客满意度，同时对地方经济和环境保护产生积极影响。

（一）管理创新的理念与应用

管理创新在体育旅游行业扮演着至关重要的角色，特别是采用精益管理等先进的管理理念来实现过程优化和资源配置，从而提升整体运营效率和顾客满意度。精益管理原则的核心目标是使资源利用效率最大化，消除一切形式的浪费，包括过剩的生产、等待时间、不必要的运输、过度加工以及过多的库存等。精益管理起源于制造业，但其原则同样适用于服务行业，包括体育旅游领域。在体育旅游中实施精益管理，首先涉及活动计划与执行过程的优化。这可以通过精简操作流程、优化活动日程安排，以及合理配置人力资源来实现。例如，通过实施实时数据监控和反馈机制，管理者可以快速识别并解决运营中的瓶颈问题，如顾客入场效率低下或服务点排队时间长等问题，从而提升顾客体验和场馆运营效率。进一步地，精益管理还强调基于事实的科学决策。在体育旅游管理中，这意味着需要收集和分析大量关于顾客行为、偏好以及反馈的数据，以便更好地理解顾客需求，并据此优化服务和产品。例如，通过分析顾客的购票和参与模式，管理者可以调整活动时间、内容和营销策略，以吸引更多的顾客并提高顾客满意度。此外，精益管理还与可持续发展密切相关。在体育旅游领域实施精益管理不仅仅是为了经济效益，还是出于对环境效益和社会效益的考虑。这需要采用系统思维，综合考虑各种资源的配置和利用对环境和当地社区可能产生的长远影响。例如，减少活动中的物资浪费、选择环保材料和技术，以及合理安排场地和设施，这样不仅能够提升管理效率，还能促进环境保护和社会责任的实现。

管理创新通过引入精益管理等先进理念，在体育旅游行业实现了过程优化和资源配置优化，提高了服务质量和操作效率，也促进了企业的可持续发展。随着竞争的加剧和顾客需求的多样化，体育旅游行业更需采用这样的创新管理策略，以确保在激烈的市场环境中保持竞争力。

（二）技术工具的整合

在现代体育旅游管理中，技术工具的整合是实现管理创新的关键途径。项目管理软件和客户关系管理系统（CRM）的应用不仅优化了内部协作、加强了顾客互动，而且提升了整体的运营效率和顾客满意度。

项目管理软件，如 Asana 或 Trello，通过提供一个可视化和集成的平台，使得项目团队能够有效地规划、执行和监控项目任务。这类工具支持任务分配、进度跟踪和资源管理，从而确保各个项目环节能够紧密协作并按预定计划执行。例如，通过使用这些工具，体育旅游项目的组织者可以实时查看每个任务的完成情况，及时调整资源分配，从而降低项目延误和超支的风险。此外，这些平台的集成通信功能可以促进团队成员之间的信息流通，提高解决问题的效率。客户关系管理系统，如 Salesforce 或 HubSpot，通过整合与分析顾客数据，为企业提供了深入了解顾客需求和行为的机会。这些系统能够跟踪顾客的购买历史、偏好和互动记录，使营销团队得以设计更加个性化和目标精确的营销策略。例如，基于 CRM 系统的数据分析，体育旅游企业可以识别更有价值的顾客群体，并针对性地开展定制化的促销活动，从而提高转化率和顾客忠诚度。

通过整合项目管理软件和 CRM 系统等技术工具，体育旅游企业不仅能够提升项目执行的效率和效果，还能够通过数据驱动优化顾客关系管理和市场营销策略。这种技术整合的管理创新，是提升竞争力、顾客满意度和推动业务持续增长的关键。

（三）可持续管理策略

在当前全球面临巨大环境压力和社会责任要求的背景下，可持续管理策略成为体育旅游行业创新管理的重要组成部分。这种策略不仅关注经济效益，同时重视环境保护和社区福祉，以实现旅游业的长期可持续发展。

可持续旅游是指在对环境影响最小化的同时，能够支持当地经济发展和文化保护的旅游活动。在体育旅游领域，这通常意味着开发那些能够促进生态保护、提高社区居民参与度并在经济上可行的活动。例如，推广徒步旅行、自行车游等低碳旅游项目，不仅减少了传统旅游模式中高碳排放交通工具的使用，还鼓励游客深入体验和尊重当地的自然环境和文化传统。实施可持续管理策略的关键做法是与地方社区密切合作。这种合作可以通过包容社区在旅游开发中的声音和利益，共同开发符合地方特色的体育旅游产品。例如，体育旅游企业可以与当地手工艺人合作，为游客提供体验传统手工艺的机会，或与地方保护区合作，开展野生动植物观察旅行。这不仅有助于保护和传承文化遗产，也能促进社区经济的多元化。除了实际的旅游产品开发外，让游客和当地居民了解可持续旅游的重要性也是关键。这点可以通过举办研讨会、开展教育活动和创建信息中心等方式进行。增强游客和居民的环保意识有助于形成共同维护自然资源和文化遗产的社区氛围，进而推动可持续旅游的实际实施。

管理创新在体育旅游行业中起着核心作用。它不仅提升了业务效率和顾客体验，也推动了行业的可持续发展。通过实施先进的管理策略和技术，体育旅游企业可以更好地适应市场变化，提高竞争力。

三、市场创新与体育旅游

市场创新在体育旅游行业中起着举足轻重的作用，尤其是在全球化和数字化快速发展的今天。市场创新不仅包括开发新的产品和服务，还包括探索新的市场细分和采用前瞻性的市场策略，以吸引更多的消费者。

（一）目标群体的定制化旅游套餐

在体育旅游领域，市场细分和定制化旅游套餐的开发是应对多样化消费需求的有效策略。通过精确识别并更好地服务特定的消费者群体，企业不仅能提供更加个性化的产品，也能显著提升顾客满意度和品牌忠诚度。市场细分理论指出，消费者群体在需求和偏好上存在明显差异，这要求企业在产品开发和营销策略制定中进行细化操作。在体育旅游中，这种细分可以基于年龄、体能水平、兴趣爱好或求新求变的心理特征。因此，定制化旅游套餐的设计应围绕这些变量构建，以确保能够满足不同顾客群体的具体需求。针对老年消费者，企业设计的旅游套餐通常包括低强度、低风险的活动，如温和的徒步旅行、水中健身和瑜伽课程。这些活动不仅考虑到了老年人体能和健康的限制，还满足了他们对于放松和健康的需求。例如，水中健身可以减轻关节负担，而瑜伽则有助于增强柔韧性和平衡能力。相对地，针对年轻的冒险爱好者，企业可以开发包括攀岩、潜水、极限自行车等高强度活动在内的旅游套餐。这些活动不仅满足了这一群体寻求刺激和挑战的心理需求，也提供了独特的自我表达和社交互动机会。例如，攀岩需要较高的体能和技巧，能有效吸引追求挑战和想提升技能的年轻人。

（二）数字营销的运用

在当今这个数字化时代，数字营销已成为推动体育旅游行业市场创新的核心力量。特别是社交媒体推广、影响者营销和内容营销等数字营销策略，不仅增强了企业与消费者之间的互动，还显著提升了市场覆盖率和消费者参与度。

社交媒体平台为体育旅游企业提供了直接与消费者互动的机会。通过定期更新动态、发布互动内容和参与在线对话，企业可以建立起与消费者之间的情感连接，提高其品牌的可信度和吸引力。此外，社交媒体的数据分析工具也助力企业精准营销，通过分析消费者的行为和偏好数据优化广告投放和内容制作，从而提高广告和推广活动的投资回报率（ROI）。影响者营销就是企业通过与社交媒体上具有较高粉丝基础的影响者合作，提高企业品牌的可见度和影响力。这些影响者因其在特定领域的权威和信誉，能有效传递企业品牌信息，吸引精准的目标群体。例如，与专注于户外运动或冒险旅游的知名博主合作，可以吸引那些对此类活动感兴趣的潜在顾客。这种策略不仅扩大了市场占有率，还提高了营销活动的可信度和效果。内容营销通过创造并分发有价值的内容吸引和留住消费者，最终推动利润增长。优质的内容，如教育性博客文章、吸引人的视频和真实的客户评价，能显著提升品牌的吸引力和市场竞争力。这些内容不仅提供了有用的信息，增加了消费者的知识储备，而且通过讲述故事等方式加强了与消费者的情感连接，从而提高了顾客参与度和转化率。

社交媒体推广、影响者营销和内容营销等数字营销策略已经成为体育旅游行业不可或缺的市场创新工具。这些策略不仅帮助企业建立和维护与消费者的直接联系，还通过提供定制化和有针对性的市场活动提高其市场适应性和消费者满意度。随着数字化技术的进一步发展，这些策略将继续引领体育旅游市场的发展方向，为行业带来更广阔的增长前景。

（三）创新的定价策略

创新的定价策略在体育旅游市场中起着不可或缺的作用，尤其是在面对激烈的市场竞争和消费者多样化需求的当前环境下。动态定价和捆绑销售等策略不仅可以帮助企业优化收入结构，还能显著提升消费者的购买体验和满意度。

动态定价也称需求定价，是根据市场需求的实时变化调整产品或服务价格的策略。这种价格策略在航空和酒店行业已得到广泛应用，其依赖大数据分析技术预测消费者行为和市场趋势。在体育旅游领域，动态定价可以根据旅游季节、大型活动举办的时间以及预订窗口期的长短来调整价格。例如，当一个重大体育赛事如奥运会临近时，相关旅游产品的价格可以根据需求增加而上调，从而使利润最大化。反之，在需求降低的时段，通过降价吸引更多的游客可以保持较高的资源利用率，避免过度空闲。捆绑销售是将多个产品或服务组合为单一产品销售的策略。这不仅可以提高单笔交易的价值，还可以通过打包销售提高消费者的购买意愿。在体育旅游中，企业可以将赛事门票、住宿和交通等服务捆绑销售，提供一揽子解决方案。这种方式不仅方便了消费者，还通过降低单独购买每项服务的成本提高了整体价值。此外，捆绑销售还可以帮助企业跨销其他服务产品，如餐饮、旅游保险和额外的活动体验等。

从经济学角度看，创新的定价策略允许企业更灵活地应对市场供求关系的变动，通过价格机制平衡消费者剩余和生产者剩余，从而达到资源的优化配置。同时，这些策略在提升企业收益的同时，也提升了消费者的福利，因为消费者能够根据自己的支付意愿和购买力选择合适的产品组合。

综上所述，体育旅游创新实践涉及技术、管理和市场三个核心方面，每个方面的创新不仅能够提升体育旅游产品和服务的质量，还能够扩大其市场份额和提高行业竞争力。通过持续的创新实践，体育旅游业可以更好地满足现代旅游者的需求，从而促进行业的可持续发展。

第三节　体育旅游创新过程

一、创新过程的启动

在体育旅游创新的启动阶段，市场需求分析、技术趋势评估和政策环境考量是三个关键的组成部分。

第一，市场需求分析是确定创新方向的基础。这一过程从目标市场的识别开始，涉及通过市场调研确定主要客户群体，如家庭、年轻运动爱好者或老年旅游者。通过问卷调查、焦点小组讨论和在线行为数据分析等多种方法，企业可以详细了解这些群体的具体需求和偏好。此外，分析现有体育旅游产品与市场需求之间的差距是发现新机会的关键。通过识别哪些需求未被现有产品满足，企业可以探索潜在的市场机会，为创新项目的方向提供明确的指导。

第二，技术趋势评估是创新过程中不可忽视的一环。随着 VR、AR 和可穿戴设备等新兴技术的发展，体育旅游行业的产品和服务面临着重大的变革机遇。企业需要对这些技术进行深入研究，探索它们在提高游客体验、增强互动性或优化操作流程中的应用实例。同时，进行技术适应性分析能帮助企业评估这些技术在本企业中的应用潜力，识别自身可能面临的技术和市场挑战，从而制定相应的技术引入和应用策略。

第三，政策环境考量对保障创新活动的合规性至关重要。企业必须持续监控政府在体育和旅游领域推出的新政策，如税收优惠、资金补助及其他激励措施，这些政策可能会对创新项目产生重大影响。同时，合规性评估可确保所有创新活动符合国家及地方的法律法规要求。这不仅关乎企业的法律责任，也是企业可持续经营的基础。

通过对这三个组成部分的综合考量，体育旅游企业可以在确保合规的前提下，有效利用技术进步和市场变化，设计和实施具有竞争力的创新旅游产品，以满足不断变化的消费者需求。这一过程不仅提升了企业的市场敏感性和适应能力，也为体育旅游行业的持续发展奠定了坚实的基础。

二、创新策略的制定

在体育旅游行业中，创新策略的制定是确保企业在竞争激烈的市场中保持领先的关键步骤。这个过程涉及明确创新定位、设定目标、组建专业团队以及合理配置资源。

第一，明确创新定位是基础。企业需要明确在体育旅游创新中的独特卖点和竞争优势，这涉及对企业现有能力和市场需求的深入分析。通过这一分析，企业可以确定其在体育旅游领域能提供哪些独到的价值，如特定体育活动的独家访问权限、独特的地理位置优势或创新的客户服务体验等。

第二，企业需要设定SMART目标，即具体（specific）、可测量（measurable）、可达成（achievable）、相关性强（relevant）和时限明确（time-bound）的业务目标。这些目标不仅指导团队日常操作，也帮助团队保持对最终成果的集中关注，如提高客户满意度、扩大市场份额或增加产品销量等。

第三，在团队建设方面，构建一个跨功能团队是至关重要的。这样的团队通常包括市场、产品、技术和财务等部门的成员，以确保在创新过程中能够从多个角度获得输入和实现团队协同。此外，对团队进行培训和动员也非常重要。这不仅包括技术和市场知识的培训，还包括团队创新热情和潜能的激发，从而确保每位团队成员都能在创新过程中发挥更大的活力和创造力。

第四，资源配置是实施创新计划的基础。企业需要为创新项目制定一个详细的预算，以确保合理、有效地使用资金。这包括对项目所需的直接成本和间接成本的评估。同时，调动内部资源以及寻求外部的资金和技术支持也是成功实施创新的关键，这涉及寻找风险投资、政府补助或通过合作伙伴关系获得技术援助。

通过这一全面而系统的创新策略制定过程，体育旅游企业不仅能够确保其创新活动的成功，还能在不断变化的市场环境中保持竞争力和持续增长的动力。这种创新策略的实施将能够使企业在满足消费者需求的同时，实现企业的长远发展目标。

三、创新实施

体育旅游行业在创新实施阶段应重点关注产品开发、服务优化和营销创新三个关键环节，以确保新产品和服务能够有效满足市场需求并增强企业竞争力。

首先，产品开发是创新实施的核心。这一过程开始于原型开发与测试，即快速构建产品原型并通过实际用户环境测试。企业在收集用户的反馈信息后应进行必要的迭代优化，以确保产品能够真正满足用户的需求。此外，优化用户体验也非常关键，可确保产品设计符合行业内的最佳用户体验实践。这包括界面的直观性、操作的便捷性以及服务的响应速度等方面的优化，目的是提升用户的整体满意度和忠诚度。

其次，在服务优化方面，企业需要对现有的服务流程进行再造。例如，简化预订流程和引入自助服务功能，不仅可以缩短用户的等待时间，还能提高处理预订的效率。同时，运用技术支持，如客户关系管理系统和智能分析工具，可以实现服务的个性化和提高服务响应的速度。这些技术使得企业能够更好地了解客户需求并迅速做出响应。

最后，营销创新也是推动体育旅游产品市场成功的重要因素。内容营销往往通过创建和分享高质量的内容，如博客文章、视频和社交媒体帖子，来吸引和教育潜在客户。这些内容不仅能够提高品牌的可见性，还能树立品牌的权威。此外，合作营销策略也非常有效。企业通过与体育品牌、旅游机构等建立合作关系，共同开发市场，可以扩大客户基础并增加销售渠道。

四、创新评估与调整

在体育旅游行业的创新过程中，评估与调整是确保创新持续产生价值的关键环节。这一环节主要涉及效果监控、反馈循环的建立和持续改进的实施。

首先，效果监控是通过数据驱动的方式衡量创新成果的重要手段。企业需要定期收集和分析关键的业务指标，如销售数据、客户反馈及市场动态等。这些指标不仅可以帮助企业评估创新项目的直接效果，还能帮助企业洞察潜在的市场趋势和客户需求变化。基于这些分析结果，企业应快速调整，优化产品特性和市场策略，以确保创新成果能够适应市场的最新要求并实现最大的商业价值。

其次，建立有效的反馈循环是促进产品和服务持续改进的另一个关键策略。通过客户服务部门、社交媒体平台和直接调查等多渠道收集反馈信息，企业可以获得广泛的用户意见和建议。这些反馈信息不仅有助于企业及时弥补产品缺陷，还能提供创新想法，推动产品和服务的迭代更新。通过实施这一策略，企业可以更灵活地应对市场变化，持续提升客户满意度和品牌忠诚度。

最后，持续改进是推动企业提高长期竞争力的基石。企业应致力于创新文化的培育，鼓励员工积极提出改进意见，创建一个开放和包容的工作环境。同时，不断学习与自我完善也至关重要。企业需要不断学习行业先进典型的经验，以保持创新的活力和市场竞争力。通过这样的持续学习和自我完善，企业不仅能在现有市场中保持领先，还能探索并开发新的业务领域，实现持续增长。

第四节 体育旅游创新评价

在体育旅游行业中，持续创新是企业成功的关键因素之一。为了确保这些创新活动能实现预期效果，并使资源的效用最大化，进行系统的创新评价尤为重要。这一节将探讨如何有效进行体育旅游创新项目的评价，以确保这些创新活动可以持续带来竞争优势和市场价值。

一、评价的目的与综合效益

（一）评价的目的

在体育旅游行业中，创新项目评价的重要性不可忽视，因为这关系到创新活动的效果验证和未来策略的制定。深入的项目评价不仅能验证其是否达到预定目标，还能确保投入的资源获得更大的效益，从而支持企业做出数据驱动的决策。这一过程通过精确评估各项创新实践的成效，帮助企业明确哪些策略有效、哪些策略需要调整，以优化资源配置和战略方向。

首先，从经济学的角度考虑，有效利用资源是企业运营的基础。在体育旅游创新项目中，评价活动通过定量和定性的数据分析，检验资源分配的合理性与效率。例如，投资回报率是评估经济效益的关键指标。此外，成本效益分析（CBA）和资源优化模型也常用于此类评价中，以确保每一笔投资都能产生最佳的经济回报。其次，项目评价为企业提供了重要的战略决策支持。通过系统的数据收集和分析，企业能够了解不同创新实践在实际操作中的表现，识别那些超出或未达预期的领域。这种洞察力能够使企业迅速调整不符合市场需求的产品特性，或者改进那些未完全释放潜力的服务。在学术研究中，这种基于证据的决策过程被视为提升组织适应性和竞争力的关键因素。

另外，评价过程还促进了知识的积累与持续创新。通过跟踪评价结果，企业可以构建知识库，记录哪些创新尝试成功、哪些创新尝试不成功，并分析原因。这种知识的系统化不仅对当前项目有益，对未来类似项目的规划和执行也同样重要。在学术上，这种方法与知识管理理论相呼应，后者强调通过组织学习来增强企业的创新能力和市场适应性。

（二）评价的综合效益

系统评价体育旅游创新项目的综合效益对企业具有多方面的积极影响，如提高项目透明度、增强利益相关者的信任、促进内外部持续沟通等。这些效益不仅对企业的运营效率有直接益处，还有助于确立企业的市场地位和改进客户服务。一方面，项目透明度的提高是系统评价的一个核心效益。在学术研究中，项目透明度被视为增强组织信任和可靠性的关键因素。透明的评价流程和公开的评价结果可以消除信息不对称，使所有利益相关者，包括团队成员、管理层、投资者与合作伙伴，都能够实时了解项目的进展和成效。项目透明度的提高不仅有助于内部团队明确项目目标和个人责任，提升项目管理的效率，还有助于加强外部利益相关者的信任，为企业吸引更多的投资和合作机会。另一方面，系统评价通过不断的反馈收集和处理，促进了企业与外部环境的持续沟通。有效的评价机制应包括多渠道的反馈收集系统，如顾客满意度调查、在线评论分析以及市场趋势报告，这些都是企业获取市场反馈的重要手段。根据这些数据调整项目策略，企业可以更灵活地适应市场变化和客户需求。学术研究表明，灵活地适应市场变化是企业持续成功的关键，而系统的项目评价为此提供了数据支持和策略方向。此外，评价结果的整合与分析也是提升企业战略决策质量的重要过程。通过深入分析项目评价数据，企业可以识别那些有效的创新实践和需要改进的领域，这对资源的再配置和创新过程的优化至关重要。在此过程中，企业需要采用先进的数据分析技术，如人工智能和机器学习工具，以挖掘大数据中的有价值信息，进一步提升决策的科学性和前瞻性。

二、评价指标与方法

（一）建立评价指标体系

量化指标提供可直接测量的数据，用以评估创新对企业绩效的具体贡献。常见的量化指标包括以下三个：①销售增长。这是衡量创新成功最直接的指标之一。通过对比创新实施前后的销售数据，企业可以直观地看到创新活动对销售额的具体影响。②市场占有率。通过分析创新产品或服务推出前后市场占有率的变化，企业可以评估其在目标市场中的竞争地位是否得到了加强。③投资回报率。计算创新项目的投资回报率，对评估项目的经济效益尤为重要。投资回报率能帮助企业理解每投入一单位货币所产生的经济回报。

质化指标则关注创新活动对企业品牌、客户满意度及市场认知等方面的影响。这些指标虽不易量化，但在评估创新成效时同样重要。质化指标包括以下三个：①客户满意度。通过定期的客户满意度调查，企业可以收集客户对新产品或服务的评价。调查包括产品的使用体验、服务满意度及价格接受度等方面。②客户忠诚度。企业可以分析客户重复购买行为或品牌忠诚度的变化。高忠诚度通常意味着客户对创新产品的接受和支持。③社区互动。社交媒体平台上客户对创新产品的讨论程度和参与度可以作为影响力的指标。通过监控社交媒体上的讨论频率、情感倾向和传播范围，企业可以评估创新在用户中的受欢迎程度。

在实际应用中，企业应根据具体的创新项目特性选择合适的评价指标。例如，对于一个新推出的体育旅游应用，企业需要重点关注下载量、用户活跃度、在线评分和用户留存率等指标。同时，企业通过对客户服务调查的分析，了解客户对新功能的反馈，可以为后续的产品改进提供指导。此外，评价指标的选择和应用应具备动态调整的能力。随着市场环境和企业战略的变化，原有的评价体系可能需要更新，以包括新的关键绩效指标（KPI），确保评价结果的相关性和实用性。

总之，建立一个科学且全面的评价指标体系，对于体育旅游行业中的创新项目来说，不仅可以在经济和操作上带来直接益处，还能深化对市场和消费者行为的理解，从而更有效地指导企业策略的调整和资源的优化配置。

（二）体育旅游创新评价方法

在体育旅游创新评价中，选择合适的评价方法是确保对数据准确收集与实用分析的基础。这些方法应能够综合反映创新项目的成效，包括其对市场的影响、对消费者行为的影响以及对企业经济效益的贡献。以下是几种主要的评价方法，每种方法都基于不同的研究理论和实证支持，能够为体育旅游的创新评价提供强有力的数据支撑。

1. 问卷调查

问卷调查是量化研究的常用工具，是通过设计一系列标准化的问题来收集大量参与者观点和意见的数据的方法。在体育旅游创新评价中，问卷可以设计为封闭式问题以收集具体的数据，如参与者的满意度、使用频率和偏好选择；也可以设计为开放式问题以获取更深入的意见和建议。此方法的优势在于能够快速且经济地收集广泛的数据，以便进行统计分析和趋势观察。然而，问卷调查的设计需要严格控制变量，避免问卷偏差，并确保样本的代表性，以增强研究的有效性和可靠性。

2. 面对面访谈

面对面访谈允许研究者与参与者进行直接交流，深入探讨参与者的体验和感受。这种质性研究方法在获取复杂的用户感知和详细的反馈方面具有独特优势。访谈可以是结构化的，依据固定的访谈指南进行；也可以是半结构化或非结构化的，以更加自由地探索参与者的观点。这种方法适合挖掘新产品或服务的潜在问题和用户的深层需求，但需要较高的技能来执行和分析，并且时间成本较高。

3. 焦点小组

焦点小组聚集特定的用户群体，通过组织有引导的讨论会收集关于特定主题的多方面意见。这种评价方法有助于激发集体互动，揭示用户之间的共识与分歧，为创新项目提供多维度的评价视角。焦点小组的讨论对于评估用户对新服务的接受度和市场推广策略的有效性特别有价值。然而，这种方法的局限在于可能会受到群体动态和主导声音的影响，而且要求调查者经验丰富以确保讨论的广泛性和深入性。

4. 大数据技术与在线行为分析

利用大数据技术进行在线行为分析是近年来兴起的一种评价方法。通过分析用户在网上的行为数据，如点击率、浏览路径和互动频率，企业可以实时监控其创新项目的市场表现。此方法的优点在于能够提供大规模的实时数据，支持动态的市场分析。然而，对大数据的处理和分析要求较高的技术能力，包括数据挖掘、机器学习等，且对数据的隐私和安全性有一定的要求。

综合使用这些方法不仅能提供量化的市场和经济指标，还能深入了解消费者的真实反馈和行为模式，为体育旅游创新项目的评价提供全面的支持。通过科学的数据收集与分析，企业可以更准确地评估创新成果，优化产品策略，并在竞争激烈的市场中保持领先。

三、评价结果的利用

在体育旅游创新评价中，将评价结果转化为实际行动的能力是至关重要的。通过系统地分析和应用这些结果，企业可以优化现有的创新项目，实现更好的市场表现和更高的内部运作效率。以下是如何将体育旅游创新评价结果战略性地应用到项目调整和优化中的详细步骤。

（一）分析结果和识别关键领域

首先，企业需要深入分析评价结果，确定哪些方面的创新实践是成功的、哪些方面的创新实践是失败的，包括对量化数据的统计分析和对质化反馈的内容分析。重要的是要识别出创新项目中的强项和弱项，以及未被充分利用的机会。如果客户满意度调查结果显示某特定服务特别受欢迎，这可能显示一个需要加强和扩展的机会；相反，如果大数据分析揭示用户在某个环节的流失率异常高，这就需要即刻关注和解决。

（二）制定改进措施

基于评价结果进行深入分析，企业应制定具体的改进措施。这些措施需要有针对性地解决评价中发现的问题，同时扩大成功元素的影响力。改进措施包括以下几点：①产品或服务的功能优化。调整或新增功能以提高客户满意度和产品的市场竞争力。②客户体验改善。优化用户界面和用户交互流程，减少潜在的痛点。③营销策略调整。基于市场反馈调整营销信息和渠道分布，更精准地定位目标客户群。④运营流程优化。简化流程，引入自动化工具，降低成本和时间延误，提高效率。

（三）制订执行计划

确定改进措施后，企业需要制订详细的执行计划。执行计划应包括每项措施的具体执行步骤、负责人、所需资源以及预计的完成时间。执行计划还应包括监控和评估这些改进措施效果的方法，以确保每一步实施都能得到有效的反馈和必要的调整。

（四）持续监控和迭代优化

将评价结果应用于创新项目的优化不是一次性活动，而是一个持续的过程。企业应建立定期的评审机制，不断监控改进措施的实施效果。通过持续的数据收集和分析，企业可以迅速发现新问题和新机会，以迭代的方式细化和调整战略。这种灵活应变的能力是企业持续创新和保持竞争力的关键。

第三章　竞技观赏型体育旅游创新产品设计

第一节　竞技观赏型体育旅游创新产品的概念与特点

一、竞技观赏型体育旅游创新产品的概念

竞技观赏型体育旅游涉及旅游者离开经常居住地，通过视觉和听觉方式体验体育活动、体育设施以及独特的体育文化。此类旅游的主要目的是通过欣赏这些体育元素获得乐趣。竞技观赏型体育旅游可以进一步细分为体育观战旅游和体育观光旅游两种形式。体育观战旅游主要是观看国内外的重要体育赛事，这些比赛通常水平高，竞争激烈，能够吸引大量观众。例如，足球迷会渴望观看世界杯，而网球爱好者则想去看温布尔登网球公开赛。此外，奥运会、亚运会和 NBA 篮球比赛也是体育观战旅游中的热门选择。体育观光旅游则更注重参观与体育相关的建筑和文化遗址，包括但不限于访问体育博物馆、历史悠久的体育场馆以及展示体育历史和成就的展览馆。典型的例子包括游览美国的 NBA 名人堂、参观北京的奥林匹克公园、探访古代奥运会的遗址等。

二、竞技观赏型体育旅游创新产品的特点

竞技观赏型体育旅游创新产品是指游客为了观赏一项或多项体育赛事而进行的旅游活动。这类体育旅游创新产品具有以下几个显著的特点（图 3–1）。

图 3-1　竞技观赏型体育旅游创新产品的特点

（一）时效性强

竞技观赏型体育旅游创新产品具有显著的时效性特征，这是由其独有的时间属性所决定的。不同于一般的旅游产品，体育观战旅游的消费窗口极为特定，仅限于体育赛事进行的有限时间段内。这意味着旅游者必须在比赛举行期间到达并参与，错过这一时间段将无法体验此类旅游产品。因此，体育观战旅游的时间敏感性非常高，旅游者需要精确计划其行程，以确保能够观看到赛事。这种时效性的要求，对旅游计划和服务提出了更高的标准。

（二）季节性不明显

竞技观赏型体育旅游创新产品具有较弱的季节性特点，这主要得益于大型体育赛事的独特时间安排和持续的体育赛季。为了吸引全球观众，许多重要的体育赛事，如奥运会、世界杯足球赛等通常会选择在全年传统旅游旺季之外的时间举行。此外，像英格兰足球超级联赛（英超）、意大利足球甲级联赛（意甲）、NBA 及中国足球协会超级联赛（中超）

等职业联赛，其赛季跨度长，比赛频率高（几乎每周都有比赛），这为体育爱好者提供了全年无休的观赛机会。这种安排使得体育旅游的需求不再受到传统旅游高峰期的限制，也使得体育迷们可以根据个人偏好和时间安排在一年中的任何时候进行观赛旅游。因此，与依赖特定季节或节假日的地区性旅游产品相比，体育观战旅游的市场需求更为平稳，避免了旅游业常见的季节性波动问题。这不仅为旅游业提供了稳定的客流，还促进了旅游相关基础设施的建设，确保了体育旅游目的地全年都有旅游收入，从而提高了旅游业的经济效益。

（三）出游形式以团队为主

体育观战旅游通常呈现出显著的团队出游特征，这一趋势由多种因素共同驱动。首先，大型体育事件，如世界杯或奥运会往往会吸引大量观众，这导致了旅游客流集中，从而在目的地形成显著的消费聚集效应。由于比赛通常有固定的时间窗口，考虑到成本、交通和安全等实际问题，观战者往往选择以团队形式出行，以便更好地协调行程和资源。此外，从心理学角度来看，共同的兴趣和爱好能够加强个体之间的联系，并形成持久的社交网络。在体育观战旅游中，参与者不仅是为了观赛，还是为了通过这一活动与同好者建立联系，享受团体中的社交互动。这种群体性旅游形式使得个人在旅途中能够找到归属感，通过与同行者的交流和沟通获得更深层次的文化体验和情感满足。因此，团队旅游成为体育观战旅游的主要出游形式。这不仅是因为它可以有效解决实际的行程和安全问题，也是因为它满足了人们在心理上对社交的需求。随着体育旅游市场的不断成熟和发展，这种以团队为主的出游形式预计将继续流行，同时带动相关旅游服务和产品的创新和优化。

（四）重复购买频率较高

体育观战旅游产品因其独特的魅力和持续的吸引力经常引发高频次

的重复购买行为。这种现象在各种体育赛事中尤为明显，尤其是当比赛涉及顶级运动员或者体育新星时，其吸引力会大大增强。此外，对于体育迷来说，反复购买体育旅游产品不仅仅是为了再次观赏激动人心的比赛，更是一个与其他同好者交流和分享欢乐的社交机会。例如，在澳大利亚网球公开赛这类国际知名体育赛事中，大量的观众都不是首次到访的游客，而是每年都会来到赛场的忠实粉丝。澳大利亚国家经济和工业研究院（NIEIR）的数据显示，47% 的到场游客专程前来观看比赛，其中有超过五分之一的人士是每年都会来观赛的游客，他们为当地经济贡献了约 2 亿美元的收入。这种重复购买行为不仅反映了体育赛事的持久吸引力，也凸显了体育旅游对目的地经济的重要推动作用。

（五）“被动”的高消费性

体育观战旅游通常表现出一种“被动”的高消费性特点，这主要由其产品供应的限制性和成本结构的特殊性所决定。首先，相较于普通的旅游产品，体育观战旅游的供应通常较为有限，这主要表现在其活动和套餐的单一性上。旅游者往往只能选择旅行社预先设定的固定线路，而缺乏灵活选择多样化组合产品的机会。此外，体育观战旅游的成本普遍较高，这与其产品的垄断性和排他性密切相关。特别是一些重大的国际体育赛事，如世界杯或奥运会，其门票往往由少数官方机构控制发行，从而造成市场上的供需紧张。因此，除了常规的旅游成本外，体育观战旅游还包括高额的门票费用。门票价格不仅受到官方定价的影响，还可能因为地区分配不均、热门比赛的需求过剩及黑市炒作而飙升。例如，2002 年韩日世界杯期间，一张普通比赛门票票面价约 50 美元，而通过旅行社获取的价格却高达 300 美元。同时，比赛期间的旅游成本也随之上涨，如机票和酒店价格大幅提高。当时，前往韩国的 3 晚 4 日旅游套餐在非赛季的常规价格为每人 4 000 美元。而在世界杯期间，同样的套餐价格却飙升至每人 1.2 万美元。因此，体育观战旅游虽然为旅游者提供了观看精彩赛事的独特体验，但也需要消费者承担相对较高的经济成本。

第二节　竞技观赏型体育旅游创新产品的类型与设计

一、竞技观赏型体育旅游创新产品的类型

竞技观赏型体育旅游创新产品是指那些以观看体育比赛和参与体育赛事的观众的体验为核心的旅游活动。这类产品不仅吸引了大量体育爱好者，还吸引了众多旅游爱好者，因为它们通常与一系列旅游体验相结合，如文化交流、地方美食探索以及其他娱乐活动等。

（一）参与比赛的赛事旅游

参与比赛的赛事旅游已在全球范围内展现出显著增长的态势。以美国为例，1996 年就有超过 700 万人参加了自行车赛事旅游。迪士尼乐园更是体育赛事的集中地，每年一月举办的马拉松和其他诸如世界三项全能锦标赛、迪士尼杯足球赛以及混合橄榄球和排球赛等多种体育活动吸引了大量参与者和观众。在新西兰，体育活动同样深受国民欢迎，许多居民在业余时间经常参与体育比赛和休闲活动。该国因其众多的高尔夫球场而闻名，这些设施每年吸引着大量国际游客参加高尔夫球赛或其他休闲活动。我国香港地区的体育赛事旅游也在蓬勃发展。香港特区政府文化体育及旅游局大力开发体育旅游市场，通过驻外旅游办事处积极推广本地体育活动，如将高尔夫球推向日本市场、将赛马向东南亚推广，同时向欧美等地推广网球和板球等体育项目，成功吸引了众多国际体育爱好者来港参与各类体育活动。

（二）国内赛事的赛事旅游

1. 球类职业联赛及全运会、城运会和农运会

国内的体育旅游活动为多种运动赛事的粉丝提供了难得的机会，观众可以亲临现场支持自己喜爱的队伍，并体验比赛所在城市的独特魅力。足球、篮球、排球、乒乓球等职业联赛，以及全运会、城运会、农运会等重要赛事分布在全国各地。通过这样的旅游活动，球迷不仅能为本地运动员加油助威，还能深入了解每个城市的文化特色和历史景点。此类旅游不仅增进了各地文化的交流，也促进了当地经济的发展。为球迷提供一个结合赛事观赏和文化体验的完整行程，不仅丰富了球迷的生活，也带动了赛事举办城市旅游和服务业的发展。

2. 中国网球公开赛和上海网球大师赛

一年一度的中国网球公开赛和上海网球大师赛为网球爱好者提供了不容错过的体育盛事。2004 年，中国网球公开赛在北京首次举行，吸引了众多世界级网球选手参与，其以高水平的比赛和优良的设施赢得了选手和观众的广泛赞誉。同样，上海网球大师赛也是网球界的一个重要赛事，每年秋季举办，同样吸引了众多顶尖选手竞技。北京和上海作为中国的两大都市，不仅在经济和文化上占据重要地位，还是国内外旅游者的热门目的地。在这两座城市，体育赛事与城市旅游资源的结合提供了一个独特的旅游产品：观众不仅可以现场观看世界级的网球比赛，还能享受城市的文化、购物和休闲活动。此类体育旅游的发展利用了北京和上海丰富的旅游资源和先进的体育设施。比赛期间，游客可以参观故宫、长城、外滩和东方明珠广播电视塔等著名景点，体验中国深厚的历史文化底蕴。同时，这两座城市的现代化购物中心也为游客提供了丰富的购物选择，从国际品牌到地方特色商品应有尽有。这种结合了高水平体育赛事与城市文化的旅游模式，不仅丰富了游客的旅游体验，也为当地经

济带来了可观的收益。

3. 上海 F1 方程式赛车

自 2004 年起，上海国际赛车场每年都会举办备受瞩目的 F1 中国大奖赛。这一赛事不仅为赛车爱好者提供了观看世界顶尖赛车手竞技的机会，还通过一系列创新的体验活动，让观众能亲身体验赛车的魅力。在这里，高端游客可以参与试乘体验，感受赛车的速度与激情；也可以在接受专业教练指导后亲自试驾，在真正的 F1 赛道上驾驶赛车；还可以选择自驾模式，在赛道上驾驶自己的汽车。上海不仅是国际化大都市，也是中国东部的重要旅游目的地。结合 F1 赛事，多家旅行社推出了富有江南特色的 F1 旅游产品，将赛车的刺激与地区文化的宁静美丽相融合。游客不仅可以在赛道边观赛，感受赛车带来的速度与激情，还可以游览上海及周边地区的名胜古迹，如苏州的园林、杭州的西湖等，享受东部沿海的自然美景和文化魅力。

4. 厦门国际马拉松赛

自 2003 年起，厦门国际马拉松赛已逐渐发展为全球范围内备受瞩目的赛事之一。该赛事由中国田径协会和厦门市政府共同举办，得到了包括中央电视台和厦门电视台在内的多家国内外电视台的广泛转播支持。多年来，这场赛事不仅因其高水平的竞技表现被国际认可，还因其较高的参与度和丰富的活动内容受到了广大跑步爱好者的青睐。

厦门国际马拉松赛的竞赛水平在国内外享有盛誉，于 2007 年被世界田径联合会授予“世界田联路跑金标赛事”称号，并连续五年保持此项殊荣，这标志着它的国际地位和竞赛质量得到了全球的认可。这一成就不仅提升了厦门市的国际形象，也吸引了来自世界各地的跑者和旅游者。厦门，这座美丽的海滨城市，以其温和的气候和优美的景色成为理想的马拉松赛事举办地。参赛者在赛事中既可以体验激烈的竞争，也能享受沿途的海岸风光，如此美妙的结合使得每年的赛事都充满了吸引力。马拉松的举办不仅仅是一场体育赛事，它的相关活动也极具特色，包括健康讲座、文化展览和当地美食节等，这些活动丰富了参赛者和观众的体验。此外，厦门国际马拉松赛也促进了当地的旅游和经济发展。众多跑者和观众的到来为厦门带来了显著的经济效益，也提高了厦门的国际知名度。赛事举办期间，游客不仅可以观赛，还可以游览鼓浪屿、南普陀寺等知名景点，体验厦门独特的文化和历史。

二、竞技观赏型体育旅游创新产品开发设计存在的障碍

（一）观念障碍

体育旅游在中国仍是一个较新的概念，多数旅行社在这一领域的探索初期依然依赖传统旅游模式的框架，未能充分挖掘和利用体育赛事的独特吸引力。这种情况源于缺乏针对体育旅游市场的创新策略和经验积累，导致当前的体育旅游产品往往未能有效结合赛事的特色和观众的具体需求。由于体育旅游的概念在国内被推广不久，许多旅行社还没有形成一套成熟的操作模式。它们往往将体育旅游作为一种普通旅游活动处理，而没有从体育赛事的角度出发设计独到的旅游产品。这种做法虽然依托了体育的品牌效应，但实际上并未突出体育旅游的核心价值，即将观赛体验与旅游休闲完美融合，提供符合特定赛事氛围的服务和活动。此外，由于缺乏创新和专业的市场调研，这些产品往往不能满足更为细分的市场需求。例如，对特定体育赛事的历史、文化背景、精彩瞬间等元素的深入挖掘和宣传不足，导致游客不能充分体验体育观战旅游的真正魅力。这不仅使得体育旅游产品难以持续吸引潜在客户，也可能阻碍该领域新兴市场的开发和旅行社的市场拓展。

（二）票源障碍

在组织体育观战旅游中，门票的获取是一个基本而关键的环节，特

别是对于国际性大赛而言，这一挑战更为突出。由于大型体育赛事通常在多个地区乃至多个国家举办，主办方需要考虑全球各地体育迷的参与，因此通常会对各国的门票分配进行限制。这种分配策略意味着各参与国的旅行社在获取足够的门票上面临很大的困难，这直接影响了旅行社组织旅游团体的规模。由于每个国家分配到的门票数量有限，旅行社在策划和营销体育观战旅游产品时，必须高效且精准地处理票务问题。门票的供应不仅影响着旅行社的业务运营，也关系到能否满足客户的需求。如果旅行社无法确保合理的票源，不仅会失去潜在客户，还可能影响其在竞争激烈的市场中的地位。此外，票源的不确定性也给旅行社的价格制定和市场推广带来了挑战。在票源紧张的情况下，门票价格可能会上涨，这又会进一步限制普通消费者的参与。

（三）签证障碍

签证政策直接影响着旅行社组织体育观战旅游的能力和效率，尤其是在涉及国际赛事时更为显著。中国游客获取旅游签证主要有两种常见方式：一种是前往互免签证或落地签证政策的国家，这类国家通常为了吸引中国的旅游者，大大简化了签证程序，从而减轻了游客的负担并促进了双边旅游人员的流动；另一种是前往那些需要提前申请临时签证的国家，这通常涉及更多的行政手续和时间成本，对旅行社和游客都是一大负担。例如，在 2002 年韩日世界杯期间，由于韩国和日本对中国游客实行了较为宽松的签证政策，广之旅等旅行社得以较为轻松地组织球迷前往观赛。相比之下，2004 年雅典奥运会期间的组团就困难重重，主要原因是希腊非中国的免签目的地，且奥运会期间特殊的签证要求使得签证过程更为复杂。在这种情况下，旅行社需要将团队成员的签证手续集中在北京处理，这就增加了旅行成本和组织难度。

（四）高成本障碍

体育观战旅游作为一种独特的旅游形式，其成本结构受多种因素影响，尤其是在大型国际体育赛事期间更为明显。这些成本主要包括交通、住宿、门票和行政手续费等，由于赛事期间需求激增，而当地的接待设施往往有限，这就导致了旅游成本的显著上升。在奥运会等大型赛事中，为了简化游客的预订流程，旅行社经常会推出包含门票和住宿的高价旅游套票。这种方式虽然为游客提供了便利，但高昂的价格也使得许多潜在游客望而却步。此外，旅行社为了吸引客户，往往需要在广告和市场推广上进行大量投入，这些前期的非直接成本同样加大了组团的经济压力。这些高额的成本不仅会影响旅行社的利润空间，也可能限制消费者的购买意愿。

（五）人才障碍

在体育观战旅游领域，专业人才的作用尤为关键。这一市场的特殊性要求参与者不仅需要具备传统旅游管理的知识和技能，还需要对体育赛事有深入的理解和专业的分析能力。从设计旅游产品到实际操作，专业人员的参与对确保服务质量和游客满意度至关重要。当前，中国旅行社在体育旅游领域面临的一个主要挑战是专业人才短缺。许多旅行社尚未培养出能够精准把握体育赛事特点和游客需求的专业团队，包括了解各种体育项目的流行度、我国在各项体育竞赛中的表现、比赛日程的安排以及如何有效解决时间冲突等，这些都需要通过专业知识综合分析和处理。例如，在奥运会或其他国际赛事中，旅行社需要能够准确预测和满足中国游客对某些热门体育项目的兴趣，同时考虑比赛的时间安排，以及如何合理规划观赛和旅游的行程，这都需要高度的专业能力和周密的组织规划。缺乏这样的专业人才，旅行社将难以有效开展体育观战旅游业务，从而错失发展机会。

三、竞技观赏型体育旅游创新产品的设计要点

（一）选定目标市场

在设计竞技观赏型体育旅游创新产品时，精准定位目标市场是成功的关键。通过对市场进行细致分析，旅行社可以明确潜在客户的基本属性，从而有效地针对这些用户设计旅游产品和制定营销策略。

体育观战旅游的主要消费群体具有以下几个明显的特点：首先，性别构成方面，男性用户占据主导地位，这与男性普遍对体育活动的热爱密切相关；其次，年龄主要集中在中青年段，这一群体不仅有稳定的经济基础支持较高消费，也更倾向于通过参与体育活动丰富个人生活体验。此外，这部分用户通常对特定体育赛事有明确的偏好，他们往往积极参与各类体育活动，并形成了特定的社群认同。从经济和职业角度来看，目标消费者多为中高收入阶层，包括白领和其他专业人士。这类人群通常具有较高的消费能力和文化水平，他们视体育观战旅游为一种提高生活质量的方式，而不仅仅是简单的休闲活动。基于这些分析，可将目标市场界定为具有一定经济基础和文化水平的中青年男性体育爱好者。针对这一市场，旅游产品的开发需要考虑这些消费者的具体需求和消费行为特征。例如，产品设计应该包括参与高水平体育赛事的机会，同时提供一定的社交活动，使消费者能在旅游过程中与同好者交流，享受共同的体育文化氛围。在产品开发阶段，旅行社应着重考虑如何通过合理的行程安排、优质的服务以及与赛事的深度结合满足这一群体的特定需求。比如，体育旅游产品可以包含专业的赛事解说、提供专门的观赛设施和VIP待遇、与赛事相关的纪念品销售等增值服务。

价格制定也应反映产品的专业性和独特性，旅行社应合理设置不同层次的价格，以吸引不同消费水平的客户。同时，有效的市场推广活动

也是不可或缺的。这包括利用体育赛事的热点进行时效性宣传，以及通过数字营销和社交媒体平台达到精准推广。

（二）赛事选取与产品开发

在开发和设计体育观战旅游产品时，虽然体育赛事是主要吸引力，但产品设计不应仅限于此。因此，旅行社需要全面考虑市场特性，并以体育赛事为核心进行创新的产品规划。

1. 选择“精品赛事”

在策划体育观战旅游产品时，选择合适的赛事是至关重要的。旅游者往往更倾向于观看那些具有高观赏价值和值得个人投入情感的比赛，这样的赛事通常包括具有决定性意义的高级别比赛和具有地域或情感联系的重要比赛。首先，旅游者喜欢的高水平比赛往往是赛季中的关键对决，如各类运动的决赛或半决赛。这类比赛不仅水平高，竞争激烈，而且往往能决定冠军归属，因此具有较高的吸引力。其次，旅游者可能对某些特定的比赛具有更深的情感，如中国国家队的比赛或者旅游者喜欢的地方队伍的生死战。这种情感的牵连使得这些比赛对于他们来说具有无法替代的吸引力。因此，在开发体育观战旅游产品时，旅行社和产品设计师应细致考量哪些比赛能够引起目标客户群的兴趣。这不仅需要考虑比赛的水平和竞技状态，还要考虑比赛的情感价值和地域影响力。例如，旅行社可以专门设计围绕重大国际赛事，如世界杯决赛或奥运会金牌赛的旅游套餐，或者围绕地域性强的比赛，如地方德比战等。整合这些元素，可以使体育观战旅游产品更具吸引力，从而满足不同旅游者的需求。

2. 充分利用体育赛事的“前后”效应，实现产品的连续性

在体育观战旅游领域，巧妙地延伸赛事的影响力至赛事结束后的相关活动是提升产品吸引力的有效策略。例如，北京某旅行社有限公司便成功实施了这一策略。该公司在雅典奥运会后，与北京体育大学合作，推出了一项创新的旅游产品，即组织游客参观北京体育大学，亲眼见证顶尖运动员的训练过程。这一体验尤其受到香港游客的欢迎，他们对能够近距离观察专业运动员的训练充满了兴趣。这种旅游产品的开发有效利用了中国运动员在奥运会上的杰出表现，激发了公众对体育的热情，也加深和提高了他们对运动训练背后故事的理解和兴趣。此外，这种活动不仅增强了旅游产品的魅力，还促进了体育与旅游的深度融合，为游客提供了独特的文化体验和学习机会。通过这样的策略，旅行社不仅可以在体育赛事举行期间吸引游客，还能在赛事结束后继续利用赛事带来的积极效应，延长产品的市场生命周期。

3. 整合其他旅游资源进行深度开发

为了提升体育观战旅游产品的吸引力和市场竞争力，仅仅提供观看比赛的服务已不能满足现代旅游者的需求。因此，旅行社需要创新思维，将赛事举办地的多元旅游资源融入体育旅游产品中，打造综合性的旅游体验。这不仅包括观赛活动，还应包括游览当地的自然景观、探索人文历史以及体验地方独有的民俗风情。例如，旅行社可以设计一款综合体验包，让游客在观看重大体育赛事的同时参加由当地导游带领的城市历史之旅，或者探访自然保护区，甚至参与地方的传统节庆活动。通过这样的深度融合，旅游者不仅能沉浸在激动人心的体育竞赛中，还能深度体验赛事所在地的文化和自然景观。这种从静态观赏向动态参与转变的策略，能够显著提高旅游产品的附加值。游客在享受精彩比赛的同时得到了更为丰富和多样的旅游体验，有助于提升其对旅游的整体满意度和记忆点。此外，整合更多的地方特色资源，也能有效延长游客的停留时间，增加其在当地的消费，从而为旅游目的地带来更多的经济利益。

（三）抓好公关合作

由于体育观战旅游的开发涉及较多的相关行业和部门，因此处理好与它们的关系尤为重要。

1. 加强与国内旅行社的合作

在当前的体育观战旅游市场中，出境旅游活动扮演着重要角色。鉴于国家对出境旅游人数实行适度控制与配额管理，单一旅行社很难独立扩大市场或吸引大量客源。因此，采取合作的策略显得尤为关键，旅行社之间的联合与协作可以有效扩大业务规模和市场影响力。建立合作关系，尤其是与国内旅行社进行跨区域联合经营，是提升服务能力和市场竞争力的有效途径。通过这种合作模式，旅行社不仅可以互相转介客源，还可以共同分担市场推广和产品开发的成本。这样不仅可以降低各自的经营风险，还能通过集体的力量提高自身在国际市场上的竞争力。例如，合作旅行社可以共同开发体育观战套餐产品，合力进行市场营销活动，并在服务供应链中共享资源，如统一使用优惠的交通、住宿资源，共同优化行程安排，提供差异化的客户服务等。此外，这种合作还可以基于各自的市场优势和专长，如某家旅行社在客户服务上有独到之处，而另一家则在物流安排上更为高效。

2. 加强与国外旅行社的合作

为了克服开展体育观战旅游所面临的门票和住宿采购障碍，与赛事举办地的旅行社建立合作关系变得尤为重要。相较于客源地的旅行社，举办地的旅行社因地利之便通常具有更强的资源获取能力，特别是在门票和住宿服务的采购上。因此，积极与信誉良好且业绩优秀的国外接待旅行社建立合作伙伴关系，对顺利开展体育观战旅游至关重要。这样的合作不仅可以简化旅行社的操作流程，还能在保障资源供应的同时，降低因采购困难带来的业务风险。通过这种国际合作，旅行社能更有效地满足客户的实际需求，如确保观赛门票的及时供应和提供符合需求的住宿安排。例如，与赛事地旅行社合作，可以使得旅行社在为客户预订赛事门票和酒店时享有优先权和可能的折扣优惠。此外，这种合作关系还有助于旅行社在竞争激烈的市场中保持优势，通过提供无缝的服务体验提高客户忠诚度和满意度。

3. 加强与体育爱好者协会、俱乐部的合作

建立与体育爱好者协会和俱乐部的合作关系是提升旅行社品牌形象和拓展客户基础的有效策略。这些组织通常汇集了一大批热情的体育迷，他们定期参与各种体育活动和交流，具有强烈的社区归属感和较高的活跃度和参与度。通过与这些体育社团合作，旅行社不仅可以直接接触潜在的旅游消费者，还可以利用已建立的社区网络，有效地推广体育观战旅游产品。这种合作模式可以使旅行社在体育社区中树立积极的品牌形象，同时借助社团的影响力，提高产品的可见度和吸引力。此外，与体育协会和俱乐部的合作还有助于降低传统广告宣传的成本。旅行社可以通过这些社团的活动和平台，直接向目标群体宣传旅游产品，从而实现成本效益的最大化。此策略不仅能增强消费者对旅行社服务的认识，还能激发他们参与体育旅游的热情，为旅行社带来持续增长的业务，提高客户忠诚度。

四、竞技观赏型体育旅游创新产品设计

（一）竞技观赏型体育旅游吸引物的类别

1. 体育建筑

体育场馆作为体育旅游的核心吸引物之一，对城市的旅游吸引力具有不可忽视的影响。一方面，体育场馆常常因其独特的建筑风格和历史价值成为城市的标志性建筑。例如巴塞罗那的诺坎普体育场，不仅是足

球比赛的圣地，也吸引了无数非体育爱好者的关注。这些建筑本身就具有很高的观赏价值，成为旅游者必访的地标。另一方面，体育场馆的设计和功能也在不断进化，新建的体育场，如哈德斯菲尔德体育场，以其现代化的设施和引人注目的外观设计，成为提升城市形象的重要元素。体育场馆不只是观看体育赛事的场所，其内部常设有体育博物馆、名人堂等文化设施。这些内容丰富了游客的参观体验，提高了场馆的文化价值和教育意义。加之体育赛事的电视转播，如世界杯、奥运会等大型赛事的广泛传播，这些体育场馆的形象深入人心，成为全球观众的共同记忆。通过电视屏幕，这些体育场馆及其所在城市的美景被展示给全世界，极大地提升了城市的国际知名度和旅游吸引力。

2. 体育摄影、画展和体育文化遗存

体育旅游的另一个重要组成部分是体育摄影和体育文化艺术。通过摄影和画展，体育的动态美被永久地展示。这些艺术作品不仅记录了体育赛事激动人心的瞬间，也展示了运动员的力量与美感，成为体育文化传播的重要媒介。体育主题的雕塑、画作、摄影作品等，常常成为城市公共空间的装饰，增添了城市的艺术气息和文化深度。例如，奥运雕塑公园或体育英雄的画像展览，不仅吸引了体育迷，也为对艺术感兴趣的游客提供了观赏的机会。这些体育艺术作品的存在，让体育旅游超越了单纯的比赛观赏活动，转化为一种文化体验活动。

（二）竞技观赏型体育旅游创新产品的设计实践

体育场馆历来是吸引游客的重要场所，它们不仅为体育赛事提供场地，还因其独特的建筑特色和历史价值成为城市的象征。在美国及其他国家，体育场馆被视为一种资产，其通过多功能的应用促进了周边地区的经济发展。这些设施能够支持多种活动，不仅包括体育赛事，还有音乐会、会议、展览以及其他大型公共活动，从而全年无休地接待游客。

例如，英国威尔士的卡迪夫阿姆斯公园（Cardiff Arms Park）不仅举办过世界杯足球赛，还成功举办过多场大型流行音乐会和重要的体育比赛，如拳击赛。这些活动极大地丰富了体育场馆的使用功能，使其成为一个全年活跃的娱乐和旅游中心。据估计，这些活动为当地经济带来了超过 520 万英镑的直接收入，显示了体育场馆作为多功能娱乐中心的巨大潜力。

体育场馆在塑造城市形象和推动地区文化旅游方面也扮演着至关重要的角色。许多城市，如美国的亚特兰大和加拿大的多伦多，通过将体育场馆转变为可以承办会议和其他商业活动的场所，不仅扩展了其功能，还提高了这些设施的经济价值。这种转变有助于体育场馆全年营业，吸引国内外游客，同时促进当地酒店、餐饮和零售业的发展。在西班牙巴塞罗那，该市的体育场更是发挥了巨大的旅游吸引力，每年吸引近 50 万名游客参观其体育博物馆。这不仅增加了城市的旅游收入，也提高了巴塞罗那作为一个文化和体育中心的国际声誉。

引入商业活动对体育场馆的可持续运营至关重要。体育场馆的业主们正在寻求创新的方法来开发新的收入来源，其中体育旅游潜力尤为突出。体育场馆作为体育健儿创造历史的地点，本身就具有一种独特的吸引力。这使得体育场馆不仅仅是观看体育赛事的场所，更是一个有故事、有情感价值的旅游景点。例如，日本福冈巨蛋不仅是体育赛事的举办地，也通过举办各类社会和文化活动，将体育旅游与城市旅游、特殊兴趣旅游等有效结合，创建了一个多元化的旅游生态系统。这种策略不仅为游客提供了丰富的旅游体验，也为城市带来了持续的经济和社会利益。

第三节 竞技观赏型体育旅游创新产品设计成功案例分析

中国体育主题公园的发展是近年来体育与休闲产业融合的一个典型示例，体现了体育产业多元化和市场化的趋势。这些公园不仅仅是提供体育活动的场所，更是结合了娱乐、教育、文化与商业的综合体，旨在为消费者提供全方位的体育体验和家庭娱乐服务。

一、中国体育主题公园介绍

（一）北京奥林匹克公园

北京奥林匹克公园位于北京市北部，是一个融体育、文化与休闲于一身的综合性公园。公园最初为2008年北京奥运会和残奥会而建，占地11.59平方千米，是历届奥运会中最大的场馆群区域。自奥运会之后，公园不仅成为国内外游客的必游之地，也成功承办了多项国际级体育和文化活动，包括2022年北京冬奥会和冬残奥会。

公园的北部是奥林匹克森林公园，中心区域聚集了多个奥运竞赛场馆，而南部则是亚运会场馆集聚区及奥体文化商务园区。这里不仅有著名的鸟巢（国家体育场）和水立方（国家游泳中心），还包括国家体育馆、国家会议中心击剑馆、奥体中心体育场等，共有10个奥运会竞赛场馆。除此之外，公园还设有奥运会主新闻中心（MPC）、国际广播中心（IBC）等重要场馆。2008年奥运会期间，北京奥林匹克公园不仅是比赛的主场地，也是全球媒体的聚焦点。赛后，这些设施并未闲置，而是转化为群众体育活动、大型会议和文化展览的场地，极大地推动了北京乃至中国的体育和文化发展。公园区域内还有多个非竞赛场馆，如奥运村和残奥村，为参赛运动员提供了优质的生活和训练环境。

北京奥林匹克公园的建筑风格独特，集现代设计与传统文化于一体。鸟巢的设计灵感源于中国传统的陶瓷，水立方则采用了水泡泡的形态，体现了与水元素的密切关联。除了这些现代建筑之外，公园还拥有一条南北贯通的龙形水系和一个下沉花园。这些设计不仅展示了中国的悠久历史和文化，也为该现代公园添加了几分宁静与古典美。除了体育与建筑，北京奥林匹克公园还是一个集会议展览、文化娱乐和休闲购物于一体的市民活动中心。公园内的凯迪克格兰云天大酒店、北辰洲际酒店以及数字北京大厦等，可提供高标准的商务和宴会服务。而公园的设计也非常注重生态和环保，广阔的绿地和精心设计的花卉图案成为城市的“绿肺”，是市民休闲放松的好去处。

总的来说，北京奥林匹克公园不仅是体育竞技的胜地，还是文化交流和休闲娱乐的重要场所。它不仅展示了北京乃至中国的开放和包容，也是中国现代化进程中一个重要的里程碑。公园的每一处都充满了故事，以致人们每一次走进这里，都能感受到奥运精神和城市的活力。

（二）上海闵行体育公园

上海闵行体育公园位于上海市西南部，是一个综合性的大型公园，总占地面积约 84 万平方米。公园始建于 2001 年底，2004 年 1 月 18 日正式向公众开放，是上海市环城绿带的重要组成部分，也是上海首座以体育命名的公园，总投资达 5.7 亿元人民币。这座公园不仅为市民提供了丰富的体育和休闲设施，还是一个生态友好的休闲场所。

公园的地理位置十分优越，位于外环线西侧，莘庄镇与七宝镇交界处，距市中心约 20 千米。这个位置使得闵行体育公园成为周边居民日常休闲和开展体育活动的理想地点。公园被环西大道、顾戴路、新镇路和农南路围绕，主入口位于新镇路，入口处的对称树阵由香樟、广玉兰、水杉等乔木精心排列，展现了一种自然而又庄严的美感。公园内部被分为多个功能区，其中包括体育场馆区、热带风暴水上乐园、青少年活动中心、湿地生态区、卵石溪流区和翡翠山林区等十个景区。各个景区之间通过18座风格各异的桥梁相连，不仅方便了游客行走，也增添了景观的趣味性和美感。此外，公园还设有山坡长滑道、迷你高尔夫球场、儿童自行车道、游艇等众多体育娱乐设施，可以满足不同年龄层次的市民需求。闵行体育公园的设计突出了体育特色，融合了运动与休闲功能。体育场馆区提供了一系列体育活动设施，包括各种球类运动和体育比赛设施，是专业运动员和业余爱好者的理想训练场所。热带风暴水上乐园则为市民尤其是家庭和儿童提供了一个充满乐趣和刺激的休闲选择。环保和生态也是闵行体育公园设计的重要方面。湿地生态区和卵石溪流区的建设，不仅为市民提供了观赏和休闲的空间，也起到了保护生物多样性和缓解城市热岛效应的作用。翡翠山林区则提供了一片静谧的自然森林环境，适合进行森林浴和自然观察。

闵行体育公园是一个集体育、休闲、生态于一体的综合性公园，它不仅扩大了城市的绿色空间，也提升了市民的生活质量，是上海市民休闲娱乐的好去处。通过不断的改善和扩建，闵行体育公园已经成为上海的一个文明示范点，展示了现代都市对健康生活方式和生态环保的高度重视。

二、中国体育主题公园分析

中国体育主题公园的建设与发展反映了国家对公共体育设施重视程度的提升以及对城市居民生活质量改善的承诺。通过分析北京奥林匹克公园和上海闵行体育公园的特点和功能，人们可以看出中国体育公园发展的几个主要特点。

（一）体育与休闲的融合

中国体育公园在设计和功能上呈现出明显的多样化和包容性，旨在为广大市民提供一个集体育竞技与日常休闲于一体的综合性活动场所。以北京奥林匹克公园和上海闵行体育公园为例，这些体育主题公园不仅仅是体育比赛的举办地，更是城市社区生活的重要组成部分，为市民提供了丰富多彩的休闲选择和生态体验。

北京奥林匹克公园和上海闵行体育公园的设计理念体现了现代城市公园系统的新趋势，即不仅满足专业体育活动的需要，也致力于为市民的日常生活增添乐趣。这些公园中设有多功能体育场馆，可以举办各种国际和国内体育赛事，而其周围则配备了水上乐园、儿童游乐场和湿地公园等多种休闲设施。无论是儿童、青少年还是老年人，都能在这里找到适合自己的活动空间。例如，北京奥林匹克公园的水立方除了是游泳和跳水比赛的场地，平时也向公众开放，成为一个广受欢迎的公共游泳场所。而闵行体育公园的热带风暴水上乐园则提供了一个家庭友好的休闲场所，让家庭成员在炎热的夏日能共同享受清凉的水上活动。此外，这些公园还有市民放松和接触自然环境的湿地生态区。这些区域不仅美化了城市环境，也为市民提供了一个亲近自然的绿色空间。

（二）生态与环境保护

在中国体育公园的规划和设计中，生态保护和环境可持续性已成为不可或缺的重要考虑因素。在公园设计中融入生态保护措施，不仅能够提升公园的美观性和使用功能，还能为城市生态系统的平衡和环境保护贡献力量。北京奥林匹克公园和上海闵行体育公园就是这一理念的杰出代表，设计师通过采用环保材料、保护本土植被、创建湿地生态区等方式，展示了体育公园在生态环保方面的创新与实践。这些体育公园的设计着重考虑了与自然环境的和谐共生。例如，采用本地植被不仅可以减少对环境的外来干扰，还有助于维持地区的生物多样性。本地植被通常对当地气候和土壤条件适应性强，需要的维护较少，从而减少了水资源和化学肥料的使用，降低了公园运营的环境成本。此外，湿地生态区的创建是另一种重要的生态保护策略。湿地是许多物种的栖息地，能有效地进行水质净化，增强城市的防洪能力。在北京奥林匹克公园和上海闵行体育公园中，这些湿地成为保护该区域生物多样性的宝地，也为市民提供了观察自然、学习生态知识的场所。

除了生态功能，这些体育公园在设计上也显示出高度的环境敏感性。公园内部的路径和设施布局充分考虑了自然地形和生态流线，以尽可能减少对现有自然环境的影响。使用环保材料和采用可持续技术，如太阳能照明和雨水收集系统，进一步强化了公园的绿色特点。

（三）文化元素的融入

中国体育主题公园在设计上的一个显著特点是深度融入了丰富的文化元素。这不仅体现了对地方传统的尊重和保护，也强化了公园在城市文化传承中的角色。北京奥林匹克公园和上海闵行体育公园等地标性体育设施，通过将传统文化与现代设计相结合，不仅成为体育赛事的举办地，也转化为展示中国文化魅力和历史深度的窗口。北京奥林匹克公园的建筑设计充满了象征意义。例如，鸟巢（国家体育场）的结构灵感来源之一就是中式窗格中的“冰凌格”，其交错的钢结构外形像一个巨大的鸟巢，寓意温暖与团结，而水立方（国家游泳中心）则采用了水泡泡的设计，反映了中华文化中水的重要性和流动性。这些设计不仅为观众提供了视觉上的享受，也让体育场馆本身成为传达中国文化的媒介。在上海闵行体育公园中，人们同样可以看到文化与自然环境的和谐融合。公园内部的桥梁和建筑风格融入了江南园林的美学元素，如曲桥、流水和亭台。这些元素不仅美化了环境，也为市民提供了深入了解本地文化历史的空间。此外，公园经常举办各种文化活动和节庆活动，使其成为社区文化交流的重要场所。

通过这些设计和活动，中国体育主题公园不仅是推广体育运动的场所，还是城市文化身份和历史连续性的重要承载体。它们的存在不仅提高了居民的文化认同感，也使得传统与现代之间的对话成为可能。这种设计理念的实施，确保了体育主题公园在提供运动设施的同时保护和传承地方文化遗产。

第四章　康养健身型体育旅游创新产品设计

第一节　康养健身型体育旅游创新产品的概念与特点

一、康养健身型体育旅游创新产品的概念

康养健身型体育旅游创新产品是一种综合性的旅游形式，它将康养健身和体育旅游的元素相结合，旨在为游客提供一种全方位增进身心健康的旅游体验。这一概念源于现代社会中人们日益增长的对健康生活方式的需求和对传统旅游模式的逐渐超越。随着生活节奏的加快和社会压力的增大，更多的人开始寻求通过旅游改善健康和恢复精神。

康养健身型体育旅游不仅包括各种体育活动，如徒步、瑜伽、骑行等，还融入了专门的健身课程和康养服务，如冥想、SPA、体质调理等。这些活动和服务都是在专业指导下进行的，以确保旅游者能在旅行中得到科学的身体锻炼和心理放松。此类旅游产品的核心价值在于其对健康的双重促进作用：一方面，旅游者通过参与体育活动可以增强身体机能，提升体力和耐力；另一方面，旅游者通过心理放松和康养服务可以改善心理状态和生理平衡，从而达到缓解压力、提高生活质量的效果。这种旅游方式强调的是一种“在旅行中健身，在健身中旅行”的理念，使得旅游不再仅仅是走马观花的观光体验，更是一种身心同步修复和提升的过程。

康养健身型体育旅游的发展不仅反映了人们对健康生活方式的重视，也代表了旅游业向更加细分和专业化方向的进展。随着人们健康意识的提升和全球老龄化社会的到来，这类产品的市场需求预计将持续增长，其在促进个人健康、推动旅游创新以及带动相关产业发展等方面的意义越发显著。通过提供这样的旅游项目，旅行社和旅游目的地不仅能满足现代游客的具体需求，还能在促进游客健康和提升游客幸福感的同时，

为社会的可持续发展做出贡献。

二、康养健身型体育旅游创新产品的特点

（一）体育活动与健康理念相结合

康养健身型体育旅游创新产品的核心是将体育活动与健康理念相结合。常见的活动包括瑜伽、太极、徒步、骑行、游泳等，这些活动不仅有助于提升体能，也有助于促进心理健康和身体恢复。同时，这类产品常融入传统的健康哲学和现代的健康管理方法，如中医按摩、药浴、健康餐饮等，为游客提供全方位的健康支持。

（二）定制化与个性化服务

考虑到不同游客的身体条件和健康需求，康养健身型体育旅游产品通常提供高度定制化和个性化的服务。旅游产品策划者会根据游客的具体情况，如年龄、健康状况及个人健身目标，制定专属的旅游活动和日程安排。这种个性化服务确保每位游客都能在旅行中获得适合自己的健康体验。

（三）环境的整合性

康养健身型体育旅游往往在自然环境中进行，如山地、森林、海边等地。这些环境本身就具有较高的康养价值，清新的空气、优美的景观等自然条件有助于游客身心的放松和恢复。此外，这种旅游形式也强调与地方文化的融合，通过参与地方的传统活动，游客可以更深入地体验和理解当地的健康文化。

（四）可持续性

康养健身型体育旅游创新产品在设计和实施过程中，注重可持续发展。这不仅体现在促进游客个人健康的可持续发展上，也体现在对旅游

目的地环境和社区的可持续影响上。例如，旅游活动会优先选择环保材料，减少对自然环境的负面影响，同时通过支持当地经济发展帮助社区可持续发展。

第二节　康养健身型体育旅游创新产品的类型与设计

一、温泉旅游项目与设计

（一）温泉项目介绍

我国温泉度假区有四个发展趋势，即专业化、特色化、复合化和自然化，如图 4-1 所示。

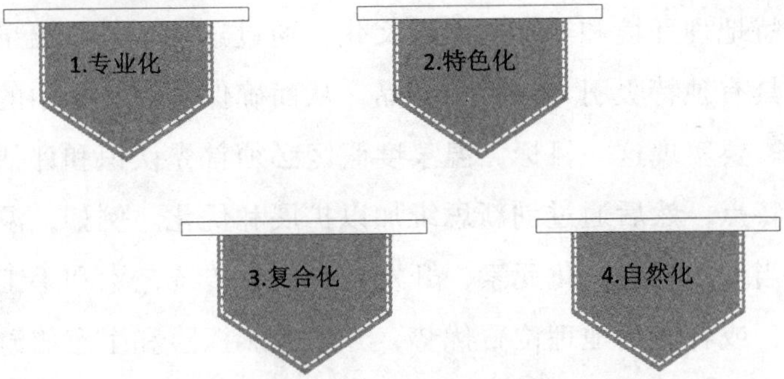

图 4−1　我国温泉度假区的四个发展趋势

1. 专业化

在未来的发展中，温泉度假区应当强调专业化的重要性，将其作为提升服务质量和客户满意度的核心。温泉度假的体验远远超过简单的沐浴，它涉及从选址、开采、建设到运营的每一个细节，都需遵循科学和专业的标准。

专业化的实施应当始于温泉度假区的规划阶段，需要进行细致的地质调查和环境评估，以确保选址的合理性和开采的可持续性。建设过程不仅要考虑温泉的功能性，还要注重其环境的美观性和安全性，以确保所有建设活动都符合严格的行业标准。在服务方面，温泉度假区应提供专业的沐浴指导、浴前健康检查以及个性化的浴后恢复服务，每一环节都要有专业人员的参与和监督，以确保游客的安全和舒适。此外，温泉度假区还应开发一系列辅助产品和服务，如水疗、按摩和美容服务。这些都应该由经过专业培训的技师执行，以提升整体的客户体验。

2. 特色化

在当前中国温泉度假区的市场环境下，产品同质化和模仿现象十分普遍。为了在激烈的市场竞争中脱颖而出，温泉度假区需深入挖掘和利用自身独特的资源。这不仅包括温泉的自然属性和疗效，也涵盖了温泉所处的独特地理环境和丰富的地域文化。通过这种方式，温泉度假区能够创造出具有独特吸引力的特色产品，从而确保其在市场中的独特地位和吸引力。要实现这一目标，温泉度假区必须首先认识和评估自身的核心优势和特点，然后通过创新思维加以扩展和优化。例如，温泉度假区可以结合当地的历史文化元素，开发包含地方传统艺术和手工艺的温泉疗养套餐，或者利用地理位置优势，开展自然探险和生态旅游活动，以此吸引有着不同需求的游客。此外，温泉度假区还应强化其产品的稀缺性和不可替代性，通过提供无法在其他地方体验到的独特服务或体验，确保游客的回访率和推荐率。将这些特色资源融入温泉度假区的运营和市场推广中，不仅能够提高游客的满意度和忠诚度，还能有效提升温泉度假区的品牌价值和市场竞争力。

3. 复合化

在当今社会，仅仅提供温泉洗浴服务已经无法完全满足现代游客对度假的复杂需求。随着健康意识的增强，游客越来越倾向于寻找能够综合调养身心的复合度假产品。因此，许多专家推荐采用多元化的产品开发策略，如结合休养、康体和保健的综合服务，或者是将观光、度假与娱乐元素融为一体，甚至将主题乐园与休闲度假结合的创新型产品。这种复合度假产品的开发，不仅没有削弱温泉本身的吸引力，反而通过增加服务和体验的多样性，增强了其市场竞争力和对游客的吸引力。温泉度假区通过这样的创新，不仅可以提供传统的浴疗体验，还能够提供包括体育活动、文化探索及各类娱乐活动在内的全方位休闲度假选项。

4. 自然化

在我国，传统的温泉度假区多以疗养为主，其设计和氛围往往较为严肃，因而并不完全适合休闲度假的需求。因此，借鉴日本温泉度假区的成功经验，设计师可以将更多自然元素融入温泉度假区的设计之中，追求自然化、露天化和园林化的发展方向。为了更好地利用自然资源，温泉度假区的设计应当注重与周围自然景观的融合。设计露天浴池时，设计师应考虑景观的视角，无论是将远山引入视野，还是利用近处的水面和绿植，都应该使浴池区域和自然景观和谐统一。

（二）温泉项目设计应遵循的原则

在开展温泉项目建设时，设计阶段至关重要。为了响应绿色和可持续的发展策略，温泉项目设计必须全面考虑项目所处地理环境的特点，并兼顾经济效益与市场趋势，以满足消费者的多元化需求。此外，温泉项目设计还需综合评估其对当地经济、社会和生态系统可能产生的影响，确保项目能在不破坏生态和社会文化的前提下持续发展。因此，温泉项目设计应坚持经济性原则、生态性原则、文化性原则、舒适性原则及多样性原则等。

1. 经济性原则

在设计和实施温泉项目时，虽然目标不应仅限于盈利，但作为一项商业投资，其核心目的还是实现经济收益的最大化。因此，应用经济性原则进行严格的成本控制是至关重要的。这不仅涉及建设阶段的资金管理，还涉及在运营期间的成本效益分析。温泉项目在建设过程中，首先要确保土地和自然资源的高效利用，以提升经济回报。选择建筑材料时，必须在美观与成本之间找到平衡点，避免追求外观豪华而导致不必要的高开销。同时，项目设计还需考虑到未来的运营成本，不能因为降低初期建设费用而牺牲长期的经济效益。此外，项目的运营方案也需经济高效，应设计易于维护且运行成本低的设施。这包括合理规划设施的布局，使用高效能设备，以及采用节能环保的建筑技术和材料，以减少未来的能源和维护开销。

2. 生态性原则

在温泉度假区的设计与建设中，生态保护应作为一个核心问题进行考量。这不仅是温泉旅游生态属性的反映，也是响应我国可持续发展策略的必要行动。一个良好的生态环境是吸引游客的关键因素之一，因此，温泉项目设计需要坚持与自然和谐共处的设计原则。在实际操作中，设计师应该注重保护和尊重原有的自然景观和生态系统，尽量减少项目建设对周边环境的干扰和破坏。这包括使用对环境友好的材料、选择与自然景观协调的建筑风格，以及在规划时保留现有的自然元素，如树木和水体，让建筑与自然元素融为一体。同时，温泉度假区的建设应采取一系列可持续措施，如雨水收集、太阳能利用和废水循环使用，以减少对环境的负面影响。通过这些措施，温泉度假区可以最大限度地减少能源消耗和资源浪费，保护生态环境，也能提高经济效益。此外，温泉度假区还应创建一种人、建筑与自然和谐共生的环境，通过精心的景观设计和建筑布局，让游客能够在享受温泉疗养的同时，亲近自然，体验到人与自然和谐共处的美好。这种设计不仅提升了游客的体验，也展示了温泉度假区对生态和环境保护的承诺。

3. 文化性原则

在设计温泉度假区时，强调文化内涵的融入至关重要。这不仅有助于塑造区域品牌，还能显著提升游客的体验。文化性原则要求设计者深入挖掘和展示该地区的文化特色，确保温泉环境不仅能反映出现代科技和艺术，还能呈现出地域文化的独特风貌。这种设计理念涉及将地方传统文化、历史元素与温泉设计巧妙结合。例如，设计师可以在温泉区内使用当地的建筑风格，采用传统材料或装饰模式，同时引入地区艺术作品和工艺品，让整个温泉度假区成为体现当地文化特色的展览空间。此外，设计师还需考虑如何通过环境营造出一种平和、宁静的氛围，使游客在享受温泉的同时，能够感受到深厚的人文关怀和艺术美感。这不仅可以提升游客的整体满意度，也使得温泉度假区成为传播当地文化和艺术的重要场所。

4. 舒适性原则

舒适性是温泉度假区设计的核心原则，它关乎顾客的全面体验和满意度。在设计温泉度假区时，设计师需确保提供一个综合性的舒适环境。这不仅涉及客观的设施完备，也涉及主观的顾客感受。具体来说，首先需要考虑的是自然和气候条件，温泉度假区应建在气候宜人的区域，以增强游客的自然体验。其次，交通的便利性也至关重要。便捷的交通不仅方便游客到达，也关系到整体体验的流畅性。此外，社会环境的文明和安全同样重要，这直接影响着游客的安全感和满意度。在硬件设施方面，温泉度假区应提供舒适的住宿条件，配备先进的通信设施，并提供高质量的饮食服务，以确保每一位游客的基本需求得到满足。这些综合性的配置不仅提升了温泉度假区的吸引力，也使其成为游客放松休息的理想选择。

5. 多样性原则

温泉度假区设计的多样性是其吸引力的关键之一。这种多样性不仅体现在满足游客多变需求的设计上，还体现在建筑功能的广泛性上。这样的设计思路旨在通过多元化的服务和设施满足不同游客的个性化需求。在实施方面，设计师首先需要在温泉泡浴空间的设计上采取私密性措施，考虑不同顾客的习惯和文化背景，为他们提供相对独立的活动空间。这样能提高顾客的舒适感，是尊重其个人习惯和隐私的表现。其次，考虑到温泉资源本身可能受到季节性因素的影响，温泉度假区的规划应综合利用温泉之外的其他资源。例如，融合会议旅游设施、节庆活动等多功能项目，可以有效扩展温泉度假区的服务范围，使其不受季节变化的限制，全年都能吸引游客。此外，温泉度假区应通过引入不同的娱乐和休闲活动，如户外探险、文化体验工作坊等，丰富游客的度假选择。这种多样化的服务可以极大地提升游客的整体体验，使温泉度假区不仅仅是一个简单的泡浴地点，更是一个多功能的休闲和娱乐场所。通过这些措施，温泉度假区可以提高自身的经济和社会价值，也能更好地适应市场需求的变化，吸引更广泛的客户群体。

（三）温泉项目开发模式

1. 特色温泉景区模式——“特色温泉 + 景区”

在当前的体验经济背景下，温泉景区的开发越来越侧重于文化和品牌的塑造。采用“特色温泉 + 景区”模式，温泉度假区通过强化独特的温泉泡浴文化来吸引游客。这种模式不仅有利于现代温泉文化的创新，也有利于行业新标准的设定。关键在于如何巧妙地结合地域文化和自然景观，打造出具有独特体验的温泉泡浴目的地。以珠海御温泉为例，通过其创新的温泉文化元素，如“御泉道”“太医五体”“N 福汤六次方”，以及推广的“夏季泡温泉”理念，御温泉不仅丰富了温泉文化，还成功地塑造了品牌形象。这种文化创新不仅让御温泉在市场中脱颖而出，也促进了其业务的拓展和品牌在全国的推广。事实上，御温泉的成功还体现在它能够制定并实施行业标准，如 2007 年由珠海御温泉主导制定的《温泉旅游服务规范》和 2009 年成为国家级服务业标准化试点，都标志着其在行业中的领导地位。温泉度假区在设计开发时，除了对设施进行高投入的物理改造和建设之外，更应深入挖掘和创新温泉文化，将温泉作为休闲、度假和康养的多功能载体。通过这样的策略，温泉度假区能够超越传统的疗养功能，将温泉文化作为其核心竞争力，为游客提供丰富的文化体验和更多选择。

2. 温泉会议中心模式——“温泉 + 会议休闲”

“温泉 + 会议休闲”模式已成为温泉度假村开发中较为成功且广泛采用的一种策略。该模式的优势在于将会议设施与休闲娱乐活动相结合，提升度假地的功能多样性。在这种模式下，温泉不仅仅是一个独立的吸引点，更是作为增值服务辅助会议活动，为参会者提供放松与休息的完美场所。

（1）“温泉 + 大型会议”模式。北京九华山庄的“温泉 + 大型会议”模式是温泉度假村创新经营的典范。该模式充分抓住北京庞大的会议市场需求，巧妙地将温泉资源的康养和休闲效益与商务会议需求相结合，大幅扩展了其市场影响力。九华山庄的成功，部分得益于其高度重视商务会议服务，将其作为核心业务来发展。九华山庄配备了数量众多、规模庞大的会议室，并设有专门的会议接待部门，以确保每一项会议活动都能得到高效的支持和服务。此外，为了全面满足会议客户的需求，九华山庄还提供了全方位的客房、餐饮、娱乐、运动、保健、体检和购物服务，创造了一个一站式的商务会议和休闲疗养环境。通过这些综合服务和设施，九华山庄不仅仅是会议的举办地，更是一个集会议、休闲、保健于一体的综合温泉度假地。这种模式有效地利用了温泉资源，使得温泉服务虽只是辅助角色，却极大地丰富了会议体验，提升了客户满意度，也显著增加了经济效益。这种创新的经营策略不仅促进了温泉资源的全面开发，也为其他温泉度假区提供了一种成功的发展模式。通过提供优质服务，九华山庄确立了其在温泉度假和商务会议市场中的领先地位，成为业界的标杆。

（2）“温泉 + 中小型会议”模式。“温泉 + 中小型会议”模式是在中等城市或省会城市中广泛采用的一种温泉度假村开发策略。这种模式充分利用温泉的休闲和康养特性，吸引中小规模的商务团体，依靠较小的市场需求实现稳定的盈利。该模式对市场规模和投资额的要求相对较低，也不需要过分依赖特定的地理或资源条件，因此成为一种易于实施且成功率较高的开发方式。尽管实施起来相对容易，但“温泉 + 中小型会议”模式面临的挑战也不容忽视。由于市场上类似产品众多，竞争异常激烈，所以度假村在主题定位和产品差异化上一定要下足功夫。度假村需要通过精确的市场定位和独特的服务产品来吸引目标客户群，如提供有特色的温泉疗法、定制的会议服务或者独具特色的娱乐活动等。此外，经营水平和营销策略的优劣直接关系到这种模式的成败。尤其是在依赖旅行社和其他中介机构的销售渠道时，强大的营销网络和有效的市场推广活动是吸引中小型团队游客的关键。温泉度假村必须建立强有力的合作关系，以及通过各种营销手段和活动提升自身的市场知名度和吸引力。

3. 温泉休闲乐园模式——“温泉 + 运动游乐”

温泉和运动游乐相结合是温泉度假村常用的开发策略之一。这一模式主要通过创建大型温泉主题休闲乐园，将传统的温泉泡浴服务与各种体验性和参与性强的运动游乐活动相结合。这种做法不仅增强了温泉度假村的整体魅力，还有效延长了游客的逗留时间，并有助于提升淡季的运营效率和游客的平均消费额。以下主要介绍四种典型模式。

（1）“温泉 + 水游乐”。将水上游乐项目与温泉度假村相结合，已经成为提升夏季经营效果的有效策略。这种“温泉 + 水游乐”模式通过融合人们在夏季偏爱的水上活动，如造浪池、水上漂流、游泳池以及各类水滑梯，成功地解决了温泉度假村夏季的旅游淡季问题，显著提升了度假村的整体吸引力和盈利能力。例如，北京温都水城和广东恩平锦江温泉就是这一模式的杰出代表。这些地点通过整合刺激的水游乐设施与温泉的自然舒适属性，不仅增加了游客的娱乐选择，也大幅提升了夏季的游客流量和度假村的经济表现。此外，这种模式也帮助温泉度假村拓展了市场范围，吸引了更多家庭和年轻游客。尽管“温泉 + 水游乐”模式已被证明极为成功，但其未来的竞争力依赖于持续的创新和投资。为保持领先地位，度假村需要不断更新其水游乐设施和引入新的娱乐技术。这不仅需要较大的初期投资，还需要持续的资金投入以维持设施的现代化和吸引力。

（2）“温泉 + 高尔夫”。温泉和高尔夫运动相结合的开发模式已成为一些顶级度假村的经典选择。这种“温泉 + 高尔夫”模式的典型代表包括上海太阳岛高尔夫温泉度假村、北京龙熙温泉高尔夫俱乐部、惠州汤泉高尔夫俱乐部、广西嘉和城温泉谷和天津宝坻珠江帝景温泉度假村等。通过将高端的温泉水疗 SPA 服务与高尔夫运动相结合，这些度假村成功打造出一种奢华的休闲体验，专门服务于寻求高品质生活方式的高端市场。在这一模式下，温泉和高尔夫的结合不仅仅是物理上的并置，更是文化和体验的深度融合。度假村通过提供一流的温泉疗养和精致的高尔夫体验，为游客创造了一个既能放松身心又能享受运动乐趣的完美休闲场所。这种组合不仅吸引了大量追求高品质生活的游客，也显著提升了度假村的品牌价值和市场竞争力。

（3）“温泉 + 滑雪场”。温泉和滑雪场相结合的发展模式在北方地区的温泉度假村中日益流行，如青岛即墨天泰温泉滑雪场和辽阳弓长岭温泉滑雪场。这种模式通过将温泉的康养功能与滑雪这一冬季极具活力和挑战性的运动相结合，创造了多元化的旅游体验，极大地增强了滑雪目的地的吸引力和市场竞争力。在这种模式中，游客可以在享受刺激的滑雪活动后，利用温泉的恢复和放松功能缓解体力消耗和肌肉紧张。这种独特的组合满足了身心两方面的需求，提升了游客的整体满意度。同时，“活力冬季”的概念也由此而生，为冬季旅游市场带来了新的生机，有力地推动了季节性旅游业的发展。

（4）“温泉＋综合游乐”。珠海海泉湾度假区采用的“温泉＋综合游乐”模式，通过将传统的温泉泡浴与多样的动感游乐项目相结合，创造了一个兼具康养休闲和娱乐活动的综合旅游目的地。这一模式有效地融合了静态的放松与动态的娱乐，显著增强了度假区的整体魅力和市场竞争力。海泉湾度假区以其独特的海洋温泉资源为中心，辅以包括五星级酒店、神秘岛主题乐园、渔人码头等在内的多元化设施，构成了一个功能全面且配套完善的休闲娱乐集群。这些设施不仅满足了不同游客的需求，还提升了整个度假区的吸引力和经济效益，使其成为国内外游客的热门选择。此外，海泉湾还包括梦幻剧场、体检中心、运动俱乐部等多样的娱乐和健康设施，确保游客在享受温泉的同时能体验到其他高质量的服务。这种综合性的开发模式不仅为游客提供了一个多功能的休闲度假选择，也使海泉湾得以在激烈的市场竞争中脱颖而出。海泉湾的成功证明，“温泉＋综合游乐”模式通过整合多样的娱乐休闲项目，能极大地丰富游客的度假体验，是温泉度假区发展的有效策略。

4. 温泉康复基地模式——“温泉＋康复疗养”

随着社会对康复疗养需求的增加，特别是面对广泛的亚健康问题，温泉与康复疗养相结合的模式日益显示出巨大的商业潜力。这种“温泉＋康复疗养”模式通过整合医学、生命科学研究与现代理疗技术，充分挖掘温泉的康养价值。通过与医院和生命科学研究中心等专业机构的合作，该模式不仅提供传统的温泉浸泡体验，还提供全面的体检、医疗诊断、康复治疗以及健身服务，形成了一个综合的温泉康复疗养基地。鞍山汤岗子温泉疗养院就是这一模式的杰出代表。作为亚洲知名的康复理疗中心之一，它成功地将温泉资源与专业康复服务相结合，提供了一个全面的健康恢复环境。这种模式不仅能够吸引那些具有具体健康需求的个体，也适合希望通过温泉疗法提高生活质量的人群。

5. 温泉生态庄园模式——“温泉＋绿色生态庄园”

温泉生态庄园模式，是指将温泉资源的康养休闲功能与绿色生态农业有效结合的模式。这种模式不仅利用地热资源提供传统的温泉浸泡体验，还扩展了温泉的应用范围，利用地热能源支持温室种植和高价值的农业养殖项目，这些都是向可持续能源利用过渡的重要步骤。在温泉生态庄园中，温泉不仅是放松和康养的场所，还变成了支持生态农业发展的能源。例如，温泉水可用于温室植物的灌溉，地热能可用于维持温室的恒温。这些应用有助于延长生长季节，提高作物产量和质量。此外，这种模式下的生态农庄也优化了度假村的游憩环境，为游客提供了与自然亲密接触的机会，从体验农庄的日常运作到参与果蔬采摘等活动，都极大地丰富了游客的休闲选项。

（四）温泉项目设计要点

在温泉度假产品的设计和规划中，一系列关键点需要被细致考虑以确保其成功和可持续发展。

首先，项目的设计必须尊重并利用其自然环境和生态特征，努力打造一个人与自然和谐共处的休闲空间。这不仅能增强游客的体验，也有助于保护和维持当地的生态平衡。

其次，温泉水资源的利用应当科学合理。通过精确的市场定位和适宜的规模规划，温泉项目可以实现水资源的综合利用，同时平衡经济效益与环境保护的需求。温泉产品的创新也至关重要，市场研究应持续进行，以便开发出具有创新性和差异化的沐浴形式和产品，满足消费者多样化的休闲和康养需求。

温泉项目还应考虑地形和气候条件，利用地形、建筑设计、园林和植被等元素创造适宜的消费环境。采用室内外相结合的服务模式和考虑季节变化的操作策略，可以确保温泉度假产品全年运营，不受季节限制。

文化元素的融入同样不可或缺。项目应深挖地区文化和温泉沐浴文化，结合当地的风土人情打造具有独特品位和文化内涵的产品，避免市场上的同质化竞争。此外，项目的空间布局和流线设计也需精心规划，合理安排游客的行动路径和服务设施的布局，以确保消费和服务的高效和便捷。

专业的设施和景观规划也是成功的关键。项目需专注于温泉专项管网和园林景观的工程设计，以保证整个度假区的功能性和美观性协调统一。

二、登山、徒步项目与设计

登山和徒步活动作为一种颇受欢迎的健康生活方式，已经在全球范围内获得了广泛的认可和推广。在我国，随着生活水平的提高和健康意识的增强，人们对户外运动的需求日益增多，登山健身步道和生态绿道的建设应运而生，登山、徒步成为大众健身的新选择。为此，中国登山协会制定了《国家登山健身步道标准》，以引导和规范这一领域的发展。国内外的登山步道系统在设计和功能上各具特色。国内的步道系统虽然尚处于发展初期，但已在设计理念和施工技术上取得了明显进步。首先，这些步道强调科学、安全及环保的建设理念，采用生态施工技术尽量保留自然原貌。其次，借鉴国际先进经验，我国的步道系统在安全措施、环境保护和标志系统等方面进行了创新。此外，这些步道不仅仅是简单的健身场所，更是将户外运动与生态旅游相结合的多功能空间，通过连接各类自然和文化景观，为游客提供一种促进身心健康的旅行体验。

（一）步道类型

1. 依据步道功能分类

步道系统根据其功能和所处环境可以被划分为多种类型，每种类型都旨在满足不同群体的户外活动需求并提供独特的自然体验。这些步道类型包括山野步道、探险步道、亲子步道、自然科普教育步道以及其他以特定主题设计的步道。山野步道通常位于多样的自然景观中，如山地、森林、河流、瀑布或草甸等地。这些步道不仅景色丰富，还允许进行各种活动，如徒步登山、露营、攀岩、峡谷探险、溯溪和野外生存技能训练等。这类步道的设计充分考虑了地形的自然特点和丰富的人文历史元素，为探险者提供了全方位的自然探索体验。探险步道则更加注重地质特征的独特性和探索的科学价值，通常具有较高的挑战性，适合那些具备专业户外技能的探险者。例如，设计师可以根据特定地质结构设计主题步道，如穿越原始森林或探索喀斯特地形的步道。这些步道不仅为高级探险提供了场地，也是进行地质科学研究的理想地点。亲子步道则设计得更为温和，通常位于城市附近，环境安全且易于到达。这些步道多设于景色优美的自然背景中，如林区或花园。它们不仅适合儿童游玩，也可满足成人的休闲需求，是家庭共享自然美景和进行户外活动的理想场所。自然科普教育步道专为提供教育功能而设计，使人可以利用丰富的动植物资源和优美的自然环境进行科学普及活动。这些步道区域常设有标志，以解释各种自然现象；设置科普游览区和试验区，旨在培养公众尤其是青少年的科学兴趣和环保意识。不同地区的步道系统还可以根据当地的地理和环境条件开发出具有地区特色的主题步道，如环绕海景的步道或穿越雪地森林的步道。这些步道不仅增添了旅游的趣味性，也使得体验更加多样化。

2. 依据步道形状（形态）分类

步道的设计根据其形状可以分为以下几种主要类型：线状、环形和网状。每种形态的步道都具有其独特的结构特点和适用场景，对满足不同的户外活动需求至关重要。线状步道是最常见的形式，它从一个固定起点延伸到一个预定终点，两者不相交。这种设计适合点对点的徒步旅行，常用于穿越自然景观或连接两个具有地理特点的景观。环形步道则形成一个闭合的循环，使得起点和终点相同。这种布局非常适合进行日常健身活动和家庭休闲，因为它可以让游客在结束探索后自然回到出发点，以便规划和管理。网状步道由多条步道相互交错组成，形成一个复杂的路径网络。这种设计提供了多样的行走选择和丰富的探索机会，特别适合那些喜欢探险和不断发现新路线的徒步爱好者。在设计这些步道时，一个重要的考量是确保出入口的多样性和安全性。为了满足国家关于登山健身步道的安全性和普及性标准，设计师需要规划多个出入口，以避免在紧急情况下出现入口瓶颈的风险。这不仅提升了步道的安全性，也提升了其实用性，使步道更加符合公众使用的需求。

（二）步道线路设置原则

在规划和设计登山步道系统时，设计师必须细心考虑与自然环境的和谐共处，以确保道路的安全性和可持续性。以下原则指导着登山步道的有效布局。

第一，步道的设计需要顺应地形和水文条件，以对自然景观的干扰最小化为原则。利用现有的自然路径，如山径、古道以及人造的机耕路和防火隔离带等，可以在保护环境的同时复用历史资源。

第二，步道的设计应避免自然灾害风险高的地区，如易发生山体滑坡或泥石流的地带。对于这些不可避免要经过的危险区域，必须设置明显的警示标志和建立有效的安全防护措施，以保障使用者的安全。

第三，步道应设计成环状或网状结构，连接不同的地形和景点，确保系统内部路径连贯，避免出现断路或死路，从而提升路径的可行走性和探索价值。步道的布局应考虑到生态敏感区和野生动物栖息地，避免对这些区域造成干扰。若无法避免，则需实施必要的环保措施，如设置生态通道或限制访问区域。

第四，步道的设计难度应符合其预定的使用功能，确保游客可以安全享受户外活动而不超出他们的能力范围。同时，步道的位置和结构应便于紧急救援操作，确保在发生意外时救援团队可以迅速有效地进行救助。

登山步道系统的规划应全面考虑自然保护、游客安全、教育意义以及综合利用历史与自然资源的可能性，这样才能设计出既安全又具有吸引力的户外步道系统。这种系统不仅能够提供安全的登山健身环境，还能促进人们对自然美和文化遗产的深入了解。

（三）配套设施设置要求

根据登山步道行走的难易度，步道上隔一定距离应设立休息站、露营地、接待站、报警点、临时避难所等配套服务设施。

1. 休息站

在设立步道休息站时，选址至关重要。休息站应位于自然景观优美的地点或地形有显著变化的区域，如陡坡等。这些地点不仅为游客提供了视觉享受，也考虑到了徒步者的体力分配。休息站应合理分散，每站间隔以不超过两小时行走路程为宜。休息站的建设应尽量采用自然材料，如木材、竹子或石头，且其设计风格和色彩应融入周围环境，保持自然的统一感，避免过分突兀的人工痕迹，以增强游客的自然体验和环境的和谐一致性。

2. 露营地

露营地应选择接近水源、安全、干燥且平坦的地点。这些地点应在地质稳定且没有滑坡或洪水风险的区域内。理想的露营地间距不宜超过八小时步行路程，以便徒步旅行者合理安排行程。每个营地的规模应足以容纳预定人数的帐篷，并应配备完善的设施区域，包括用于生火的区域、取水点、就餐和娱乐空间以及卫生设施，确保露营者的基本需求得到满足，同时保障环境的整洁与游客的舒适安全。

3. 接待站

接待站通常设在现有的建筑如农舍内，提供住宿、补给、垃圾处理、信息服务和基本医疗支持等功能。这些站点应具备明确的标志，并且需公开明确的服务价格，以便为登山徒步者提供方便、透明的支持服务，确保他们在旅途中的便利和安全。

4. 报警点

在户外登山徒步活动中，设立有效的报警点是确保参与者安全的重要措施。这些报警点应位于易迷路或地形复杂的高处，以便被远距离观察到。报警点的颜色要鲜明，以便迅速引起注意，而且各个报警点之间的距离不应超过一个小时步行路程或 5 000 米。报警点主要分为两类：普通报警点和太阳能定位报警点。普通报警点通常利用自然或人造的结构，如石柱、木柱或大树作为基座，在其上方安装反光标志和包含救援信息的标牌。这些标牌通常位于距地面大约 1.5 米的高度，以便行人识别和阅读。太阳能定位报警点则是更为高级的设施，包括太阳能驱动的定位和救援支援系统。这种报警点装备有太阳能蓄电池，可确保即使在连续多日阴雨天气后仍能提供电力。报警点的基部设置有手机充电接口，允许游客在手机电量耗尽时进行紧急充电。其更上方则是标有编号的标志牌，游客在遇险时可以通过提供自己所在报警点的编号来帮助救援人员快速定位。报警灯设在灯杆的顶端，可在夜间为迷路的游客提供光源指示。

5. 临时避难所

在登山徒步路径中设立的临时避难所是提供给游客的在恶劣天气或紧急情况下的暂时避难场所。这些避难所可以利用自然存在的山洞，或者使用竹木等天然材料搭建。为确保其防风挡雨的功能，临时避难所通常选择在地势较高的位置设立，并依托于坚固的自然结构，如岩石、树木或山体等，以增强其稳定性和安全性。

三、高尔夫旅游项目与设计

高尔夫旅游涉及高尔夫球爱好者前往其他城市或国家的球场进行比赛、休闲或参加商务会议、社交活动。这种旅游形式可以包括参观风景如画的高尔夫球场、参加高尔夫比赛以及相关商务活动。

（一）高尔夫旅游需求产生的动机

1. 球场环境和景观的诱惑

高尔夫球场的选址通常优先考虑其自然景观和环境的美感，许多著名的球场就位于壮观的自然景区之中，其设计巧妙地将球场与自然美景相结合，增强了游玩体验和吸引力。例如，云南丽江玉龙雪山国际高尔夫俱乐部位置独特，坐拥丽江的壮丽风光与玉龙雪山的雄伟背景，其海拔高达 4 000 米，是世界上海拔最高的高尔夫球场之一。同样，黄山高尔夫球场以其云雾缭绕的球道和松柏翠绿的场地著称，而桂林漓江高尔夫球场则以山水间的绝妙布局和挥杆间的清风徐来享誉高尔夫界。不仅如此，其他如亚龙湾、阳宗海和泰山脚下的球场也都利用各自独特的地理位置和景观，为高尔夫爱好者提供了在享受挥杆乐趣的同时赏心悦目的独特体验。这些环境的整合不仅丰富了高尔夫旅游的内涵，也使得位于其中的球场成为目的地本身的一部分。

2. 南北气候条件的互补

中国高尔夫球运动的发展受益于南北地区气候条件的显著差异，这种差异为高尔夫旅游市场提供了独特的季节性互补优势。在寒冷的冬季，北方的高尔夫球爱好者经常利用假日前往气候温暖的南方城市，如海南和广东，享受温和阳光下的球场体验。反之，当南方进入炎热的夏季，许多高尔夫球爱好者则选择前往北方的凉爽地区，如大连和青岛，寻找更适宜的打球环境。这样的气候互补性不仅让高尔夫球爱好者能在一年四季中找到理想的打球地点，还促进了国内旅游和地方经济的发展。北上南下的球手流动带来了持续的消费和旅游需求，使得各地的高尔夫球场和相关旅游设施得以充分利用，形成了一个互利共赢的高尔夫旅游生态系统。这种南北之间的高尔夫旅游模式不仅丰富了国内高尔夫市场，也为球场的季节性运营提供了有效的解决方案，推动了高尔夫旅游业的全面发展。

3. 异国风情的体验

高尔夫运动不仅是一种优雅的体育活动，还逐渐成为一种国际旅游的催化剂。遍布全球的高尔夫球场吸引了无数爱好者前往不同国家，通过运动结合旅行的方式，享受不同文化的魅力。尤其是在中国，沿海地区以及云南的旅游胜地，成为国际高尔夫爱好者的热门目的地。这些地方不仅提供顶级的球场设施，还允许球员在享受比赛的同时，体验中国的自然美景和文化特色。同样，来自高尔夫运动热门国家，如日本、韩国的球迷，也频繁参与国内外的高尔夫旅游活动。他们不仅在其国内的高级球场上挥杆，也常常选择前往泰国、新加坡等东南亚国家，寻求新的挑战和体验。这些国家以其优质的球场和独特的旅游资源，提供了一种别具一格的高尔夫体验，使球手们在体验球场的精彩之余，也能感受当地的风土人情。

4. 高端商务活动的需要

高尔夫球已不仅仅是一项运动，更是一种独特的商务交流方式，尤其在高端商务旅游领域占据了重要的地位。这项运动环境幽雅、氛围轻松，为企业家提供了一个非正式的交流平台，使他们在宽松的气氛中可以轻松地进行商务洽谈与决策。在许多情况下，高尔夫球场不仅是运动场所，还是一种社交和商务活动的聚集地。企业高管和行业领袖们常常利用打球的间隙，讨论合作事宜，开展业务洽谈。这种模式已经成为许多企业家首选的一种高效的商务活动方式，因为它可以在轻松的环境下进行，有助于缓解会谈中可能出现的紧张气氛，使双方更易于达成共识。此外，高尔夫球场也常作为各类商务论坛和会议的举办地。其宽敞的会议设施与自然景观的结合，为参会者提供了一个充满活力且富有创意的会议环境。在这样的环境下，与会者不仅可以享受到户外的自然美景，还能在轻松的氛围中更有效地进行思考和讨论，从而大大提高会议的效率和成果。

（二）高尔夫旅游开发的背景条件

1. 传统旅游的发展现状为开发高尔夫旅游提供了可能

在中国，经济的迅速增长已显著推动了旅游业的快速扩展。尽管如此，传统的旅游形式，如欣赏自然风景和城市美景，正逐渐失去其原有的吸引力。这一转变主要是大规模的集中旅游时期，如国庆、春节等黄金周的旅游活动对环境造成了巨大压力，也让寻求高端体验的游客群体感到不满。这些高收入游客对旅游的需求与日俱增，他们寻求的是更为精致和独特的旅行体验。为了应对这种市场变化，并满足这部分人群的需求，旅游业界急需开发新的旅游产品。在这种背景下，高尔夫旅游应运而生，成为一种新的旅游形态。高尔夫旅游不仅能提供独特的休闲体验，还能作为一种社交平台，吸引那些寻求非传统旅游体验的高端游客。

2. 会员制经营模式和球场资源构成了高尔夫旅游开发的充分必要条件

我国的高尔夫行业目前面临一些经营挑战，主要是许多球场未能有效利用其资源，导致成本增加和资源浪费。这些问题部分源于以会员制为主的经营模式。该模式使球场的收入来源主要依靠会员费、球童费和球车费等，从而制约了更广泛的市场拓展。为了扭转这种局面，旅游业界需要重新思考如何更好地利用现有的球场和会员资源，以创新的方式开辟新的财源。高尔夫球场拥有得天独厚的自然和设计优势，这些场地通常由知名设计师精心规划，集合了优美的花园、丘陵和水体，提供了近乎完美的休闲体验。这些球场大多位于市郊，为城市居民提供了便捷的逃离城市喧嚣的目的地。此外，高尔夫运动本身就是一种高品位的活动，结合了运动、观景和社交等多种元素，非常适合那些追求高质量生活的人群。在当前传统旅游吸引力逐渐下降的背景下，高尔夫度假旅游作为一种新兴的旅游形式，正在逐步获得人们的青睐。它不仅仅是简单的运动休闲，更是一种集度假、娱乐、体育和放松于一体的综合旅游体验。这种新型旅游方式的兴起，也带动了相关旅游产业链的发展，包括酒店、餐饮和交通等，为地方经济的增长提供了新的动力。

3. 开发高尔夫旅游是可行的多赢方案

发展高尔夫旅游具有显著的经济和社会益处，它不仅可以为高尔夫俱乐部带来可观的经济回报，还能推动相关行业的发展，从而实现产业的协同增长。适当开发高尔夫旅游项目，能有效利用现有的球场资源，增强俱乐部的市场竞争力，并为会员及其他游客提供更多元的服务和体验。首先，通过整合高尔夫与旅游业务，俱乐部不仅能增加直接的营业收入，还可以激活与之相关的休闲、娱乐和住宿业务。例如，高尔夫球场可以与当地酒店、餐饮和交通企业合作，创建全方位的旅游体验包，吸引更多的游客。这种模式不仅提升了球场的使用效率，也帮助地方经济实现了多方面的增长。此外，高尔夫旅游的开发还具有环境上的可持续性。高尔夫球场通常位于自然风景优美的地区，开发这类旅游可以与自然保护和景观利用相结合，通过提供生态友好型的旅游活动，如生态导览和自然探索，增强游客的环保意识。同时，高尔夫旅游的开发还有助于扩大俱乐部的业务范围，通过增加非传统季节的旅游产品，如冬季高尔夫旅游节，不仅可以平衡季节性营业波动，还能吸引更广泛的顾客群体。

（三）高尔夫旅游发展模式

随着市场需求的不断增长，高尔夫旅游正逐步演变成一个成熟的旅游分支。这种旅游的目的地通常是设在风光明媚且气候宜人地区的高尔夫度假村和会议中心的综合体。这些地方不仅交通便利，而且管理水平高效，提供全方位的高尔夫相关服务，球场设计和施工也追求较高的品质。通过吸引国内外游客参与高尔夫目的地型旅游和承办各类会议，这些度假村能够有效促进会员证销售，从而加速球场投资的回收。此外，通过提供多样化的产品组合，这些度假村能够提高市场吸引力，延长游客的停留时间。高尔夫旅游的发展可以分为两种主要模式：高尔夫主题旅游和高尔夫复合旅游。高尔夫主题旅游主要侧重于高尔夫体验，以大型、多洞（通常超过 36 洞）的高级球场为核心。这些球场常由著名设计师设计，目的是吸引那些专程来此打高尔夫的游客，包括国内外的游客。这种模式下的服务设施相对集中于满足基本住宿和高尔夫游玩需要。与之相对的是高尔夫复合旅游，这种模式通常将高尔夫球场与广泛的旅游开发项目结合起来，不仅提供高尔夫的打球设施，还包括丰富的商务和度假设施，如会议中心和豪华住宿。这种球场一般设有 27 洞，能够满足不同类型游客的需要，从商务会议到家庭度假，都能提供合适的服务。

第五章　休闲娱乐型体育旅游创新产品设计

第一节 休闲娱乐型体育旅游创新产品的概念与特点

一、休闲娱乐型体育旅游创新产品的概念

休闲娱乐型体育旅游创新产品是一种融合了体育活动与休闲娱乐元素的旅游产品，旨在通过提供多样化的体育活动，满足现代人寻求身心放松和娱乐体验的需求。这种旅游形式的核心在于使游客在享受自然和休闲的同时参与各类体育活动，如垂钓、露营、徒步旅行等。这些体育活动通常是非竞技性的，更注重体验和乐趣而非成绩。

休闲娱乐型体育旅游的概念起源于20世纪中后期，随着工业化进程的加快，人们逐渐意识到工作与生活平衡的重要性。随着收入水平的提高和工作时间的相对缩减，大众开始寻求更多的休闲方式以提高生活质量。体育旅游作为连接休闲与体育的桥梁应运而生，并迅速成为旅游市场发展的一个重要方向。这种旅游形式不仅包括传统观光的内容，还加入了体育元素，以适应健康、活力与自然体验的现代旅游需求。

休闲娱乐型体育旅游摆脱了传统体育旅游框架的束缚，不再局限于观看体育比赛或参与高强度的体育竞技。相反，它强调在轻松的氛围中参与体育活动，享受运动本身带来的乐趣及其对健康的积极影响。这种旅游形式通常结合当地的自然和文化资源，提供一种既能锻炼身体也能放松心情的旅游体验。从更广泛的社会文化意义上来看，休闲娱乐型体育旅游反映了现代社会对健康生活方式的追求。它鼓励人们走到户外，亲近自然，通过体育活动提高身体素质。同时，它也是一种社交方式，可以帮助建立社区联系和密切家庭关系。此外，这种旅游形式对地区经济的推动作用明显，能够带动一系列相关产业的发展，包括住宿、餐饮、交通和零售等，从而为旅游目的地带来经济收益和就业机会。

二、休闲娱乐型体育旅游创新产品的特点

（一）休闲与娱乐并重

休闲娱乐型体育旅游创新产品经过精心设计可以确保运动和放松的完美结合。这种旅游形式包含了各类体育活动，也融入了众多休闲环节，如SPA治疗、瑜伽课程及其他有助于身心放松的元素。这样的设计能够提供一种综合的休闲体验，使游客在参与活力四射的体育项目后，还能得到全面的休息和恢复。

（二）适宜性广泛

休闲娱乐型体育旅游创新产品在设计上考虑了广泛的适用性，以满足各种年龄层和体能水平的需求。这类产品特别强调包容性，通过提供多级别的难度，确保每个人都能有合适的体育活动，无论是年幼的孩子、年长的老年人还是体育技能水平不同的成年人。因此，这种旅游形式特别受到家庭的欢迎，因为它能够让全家人共同参与，享受健康乐趣。无论参与者是为了寻求轻松快乐，还是想挑战更高难度的体育活动，休闲娱乐型体育旅游都能提供合适的选项，确保每位游客都能在旅途中找到满足自己偏好和能力的方式。

（三）环境依赖性

休闲娱乐型体育旅游活动通常具有显著的环境依赖性，它们需要特定的自然场所才能进行。例如，滑雪活动需要大雪覆盖的山坡，而潜水则需在清晰透明的水域中进行。这一特点使得这类旅游活动不可避免地与其地理环境紧密相连，每种活动因其所处的自然环境而拥有独特的地域色彩，从而为旅游者提供了丰富多彩的体验。

（四）季节性

与环境依赖性相伴的是休闲娱乐型体育旅游活动的季节性特点。例如，滑雪季节限定在冬季，而水上活动则更适合夏季进行。这种季节性特点要求旅游目的地运营商在不同季节推出符合季节特点的体育活动，以吸引游客。

第二节　休闲娱乐型体育旅游创新产品的类型与设计

一、休闲娱乐型体育旅游创新产品的类型

休闲娱乐型体育旅游创新产品种类丰富，可满足不同游客的兴趣和需求。以下是其主要类型。

（一）水上活动

水上活动是休闲娱乐型体育旅游中一种极受欢迎的类型。它涵盖了一系列在水域中进行的运动，如皮划艇、帆船、冲浪、潜水及水上滑板等。这些活动主要在海滩、湖泊和河流这样的自然水域环境中进行，吸引着那些寻求刺激和水上乐趣的旅游者。通过参与这些水上活动，游客不仅能体验到与水密切接触的快乐，还可以挑战自我，享受与自然元素同步的兴奋感。无论是想在波涛中冲浪，还是希望在澄清的湖水中潜水观察水下世界，抑或在宁静的河流上划船，水上活动都提供了丰富的选择，可满足不同游客的休闲需求。

（二）野外探险

野外探险活动为那些热爱自然与挑战的旅游者提供了一种独特的体验方式。这类活动，如露营和越野跑，通常在未经开发的自然环境中进行，

让参与者有机会直接与自然互动，并测试他们的生存技能。野营不仅允许游客在远离城市喧嚣的宁静环境中过夜，还能让他们学习如何在自然环境中设立临时住所和寻找食物水源。越野跑则提供了一种通过跑步探索自然景观的方式。这不仅是一种锻炼身体的过程，也是一种释放精神压力的方式。

（三）休闲体育活动

休闲体育活动，如太极、飞盘和沙滩排球，是休闲娱乐型体育旅游的重要组成部分。这些活动特别强调娱乐和健身带来的益处，非常适合各个年龄层的游客参与。太极作为一种温和的体育运动，因其对改善柔韧性和心理平衡具有显著效果，不仅适合老年人，也受到年轻人的欢迎。而飞盘和沙滩排球则更加活跃和社交化，它们通常在户外进行，如在海滩或公园等开放空间，让参与者在享受游戏乐趣的同时，能吸收自然环境的积极能量。

二、休闲娱乐型体育旅游创新产品的设计

（一）漂流旅游项目设计

1. 漂流旅游项目简介

漂流旅游是一种结合了探险和生态旅游元素的专门活动，近年来在我国发展迅速，特别是在南方的山区和丘陵地带。这种旅游形式是指游客在指定的水域，如溪流、江河和湖泊中使用专门的漂流工具进行旅游探险。由于其独特的地理和水文条件，中国的许多地区都非常适合开发漂流项目。这些地区拥有清澈的水流和优美的自然景观，为漂流活动提供了理想的条件。

漂流旅游之所以能够快速发展，主要得益于以下几个方面的有利条件：首先，自然资源的丰富使得许多地区可以轻松开展漂流活动，不受

太多自然条件的限制。其次，相对较低的投资门槛也鼓励了许多地方和个人投身其中。最基本的漂流设施仅需简单的木筏或竹筏，以及请当地居民做指导，因此初期投资和技术要求都不高。然而，要发展成熟的漂流旅游项目，就需要较高的资本投入，用于建设完善的服务设施、改善漂流路线和加强安全措施。此外，漂流旅游的技术要求虽然起点低，但随着项目规模的扩大和服务质量的提高，对专业知识和技术的要求会越来越高。成熟的漂流项目需要系统的培训、严格的安全监管和高效的管理，以确保游客安全和服务质量。最后，在市场方面，漂流旅游因其刺激性和趣味性而具有很强的吸引力。作为水上活动，它满足了人们对亲水和探险的天性，吸引了广泛的市场群体，包括不同年龄和背景的游客。

为确保漂流项目的长远发展和高竞争力，开发者需要不断创新，挖掘和强化自身特色，完善配套设施，如提供便利的交通、充足的停车空间、可靠的通信服务以及环境保护措施。同时，开发者还应深度开发包括娱乐、购物和休闲度假在内的综合服务，形成具有区域特色的成熟漂流旅游区，以提升旅游体验，提高游客满意度。

2. 漂流旅游的特点

漂流旅游作为一种新兴的旅游形式，深受年轻人的喜爱，因其独特的探险和生态体验，为参与者提供了与自然亲密接触的机会。这种旅游活动不仅允许游客在动态的环境中体验自然之美，还满足了现代人追求刺激和个性表达的需求。

第一，漂流旅游的动态性是其突出的特点之一。区别于传统的观光旅游模式，漂流旅游提供了一种全新的观赏方式——在动态中体验自然。游客在漂流过程中，随着水流的推移，能够从多个角度欣赏到沿途的自然风光。这种既充满刺激又富于变化的体验方式，迎合了现代人追求新奇和个性的心理需求，打破了传统静态观光的局限，让游客在欣赏风景的同时，享受速度和变化带来的快感。

第二，漂流旅游极富体验性。通过亲自操作筏子或在指导者的帮助下顺流而下，游客不仅能观赏到如画的山水背景，还能亲身感受掌舵的乐趣和与水流搏斗的刺激。这种亲身参与的过程极大地丰富了游客的体验，使他们更加深入地感受自然的美丽和生活的乐趣，同时对其身心而言也是一种放松和调节。

第三，挑战性是漂流旅游的另一大特色。漂流活动根据水流的难度有不同的分级，从平缓的水面到充满挑战的急流，提供了不同级别的体验选择。对于乐于冒险的游客来说，高难度的漂流不仅测试了他们的勇气和技能，而完成这些高难度活动后的成就感也是他们重复参与的重要动力。这种挑战性使得漂流旅游不仅仅是简单的娱乐，更是个人能力和勇气的展示。

第四，漂流旅游的重游率较高。由于参与性强和体验丰富，很多游客都愿意多次参与漂流活动。每一次漂流，由于水流条件和个人状态的不同，都会产生不同的体验，这种新鲜感和不确定性是游客重复参与的主要原因。此外，随着技能的提高，游客往往会挑战更高难度的路线，这种进步和探索的过程本身就是一种吸引力。

3. 漂流项目的环境要素

漂流项目对环境特别是水域的自然条件有着严格的要求，不是所有河段都适合发展此类活动。成功的漂流项目依赖于多个关键的环境因素，这些因素共同作用，创造出既安全又刺激的漂流体验。

（1）坡降。河道的坡降是影响水流速度的主要因素之一，它决定了水流的迅急和漂流的激烈程度。理想的漂流河段应具有足够的坡降，通常河道的落差应不小于 50 米，这样才能提供足够的速度，使漂流具有足够的刺激性。此外，河道的总长度至少要有 2 000 米，以确保漂流者能享受半小时以上的连续体验。

（2）河床。理想的漂流河床应由大小适中的石块和一些隆起的岩石构成，这样的配置有助于形成适度的湍流和波浪，增强漂流的趣味性和挑战性。然而，若河床上巨石过多或仅由细砂和泥沙构成，则不适宜作为漂流场所。前者可能有安全隐患，后者则因缺乏足够的水流刺激而难以吸引游客。

（3）流量。河流的水量需要在不同季节保持一定的稳定性，特别是在旅游高峰期间。通常，漂流河段的水深不宜低于0.3米，这是保证安全漂流的最低标准。在这方面，上游水库的调控可以作为一种重要的调节手段，其集雨面积至少应达到5平方千米，以确保在干旱季节也能实现稳定的水流供应。

（4）河道的弯曲程度。河流弯道多且曲度大的河段，结合适宜的坡降和河床条件，能够创造出理想的漂流环境。这不仅增加了路线上的未知和变化，也为漂流者提供了更多的乐趣和挑战。

（5）景观环境。漂流不仅是一项体育活动，也是一种观光体验。河道两侧应具有丰富多变的自然景观，如茂密的森林、奇特的岩石、野生动植物等，这些都能极大地增强游客的漂流体验。单调或封闭的景观往往不利于吸引游客，从而限制漂流项目的发展潜力。

4. 漂流项目设计的内容

（1）漂流起点。在设计漂流起点时，设计师需要精心规划以确保游客的体验和安全。首先是选定一个合适的码头位置，其通常位于水流较缓和水域较宽阔的区域。这样的位置有助于游客安全地下水并开始他们的漂流之旅。如果自然条件允许，可以直接在河岸选择一个适合的下水点，否则需建造一个坡度适中的下水坡道，以减少对自然河岸的破坏并方便安全监管。此外，漂流起点应配有完备的服务设施，包括更衣室、淋浴间和厕所等基础设施，以给游客提供更换衣物和基本洗浴的便利。同时，漂流起点应建设足够的休息和游览区域，以适应接待的游客数量，确保游客在活动前后都能有舒适的休息空间。为了方便游客到达和离开，漂流起点附近还应设有停车场。停车场的大小需与预期的游客量相匹配，并确保有明确的车位标记和有序的车辆管理。有专人负责管理的停车场不仅使车辆得以有序停放，也提升了整体的服务质量和游客满意度。

（2）接驳服务点。为确保漂流的连续性和游客的便利性，特别是在起点和服务中心或终点之间距离较远的情况下，设置高效的接驳服务是必要的。这包括利用接驳车辆将游客从远处的停车或服务区域安全运输到漂流起点或从终点带回。在漂流路线上，如果遇到水流较浅或河床较为粗糙的区域，以及难以航行的大坡降或旋涡，应建立岸上的接驳通路，并通过明显的警示标志引导游客安全绕行。此外，对水流异常缓慢的河段，应使用快艇等动力牵引设施来帮助船只前进。这不仅能解决漂流中的实际问题，还可能增强活动的刺激性和娱乐性。

（3）漂流河道。在开发漂流景区时，河道的整治是关键一环，以消除可能危及安全的障碍，如巨石和深潭。在进行这些必要的安全调整时，景区管理者通常会采取尽可能少干预的方法，避免使用推土机等大型机械，以保护和保持河道的自然状态。这种方法有助于维护河道的原始自然美感，并保留漂流体验的自然野性。此外，对于可能阻挡河道的大型植物或影响野生动物迁徙的路径，景区管理者应考虑对漂流路线进行调整，以避开这些敏感区域。这不仅减少了对当地生态系统的干扰，还提高了漂流项目的安全性。

（4）中途停靠点。在漂流活动中，特别是在路线较长或包含多个险滩的情况下，途中设立停靠点显得尤为重要。这些中途停靠点不仅为游客提供了一个放松和缓解紧张情绪的空间，也增强了活动的安全性。这些停靠点可以提供简易的餐饮服务，如小吃和饮料，或者设置供游客使用的野餐区。同时，为了确保游客的安全，这些停靠点还应配备完善的基础设施，包括供水、供电和卫生设施。此外，应急服务如急救车的配置也不可或缺，以便在紧急情况下能做到快速反应。

（5）漂流终点。在漂流终点，为确保游客体验的连贯性和舒适性，景区应充分配置必要的设施。终点区域需要配置可方便游客使用的更衣室、淋浴及厕所等基础服务设施。这样，游客在经历了刺激的漂流活动后，可以立即进行清洁和更衣，恢复状态，提高对整体活动的满意度。此外，考虑到游客从起点到终点的便利性，起点与终点的连接服务应根据漂流路线的具体特点和需求精心设计。景区通过提供快捷的接驳服务，可以确保游客无忧无虑地到达起始位置，并在活动结束后快速离开。

（6）漂流项目安全服务设计。在设计漂流项目时，确保游客安全是最重要的考虑因素之一。为此，漂流项目需实施一系列综合的安全措施，从提前教育到现场的安全管理，形成一个多层次的安全防护体系。首先，安全教育和信息公开是预防事故的第一步。在景区入口处和其他显眼位置应设置清晰的安全告示牌，详细介绍漂流操作要点和安全知识。此外，所有参与漂流的游客在活动开始前都应接受来自专业救生员的安全培训，以确保他们了解基本的漂流技巧和应对突发情况的方法。其次，漂流启动前的安全检查不容忽视。在游客登船前，工作人员需对其进行严格的安全检查，包括确认救生设备的配备和穿戴合适等。同时，控制下水的游客数量和调整船只之间的安全距离，以免在水上发生碰撞或其他意外。漂流过程中的安全监控也至关重要。首先，起漂点应设立分级控制区，由专职领航员负责监控漂流船的数量和速度，确保不超载。其次，沿途应安排安全救生员进行巡逻，及时响应可能的紧急情况。此外，景区应全程设置导航安全标志系统，明确标出河道中的潜在危险区域，如暗礁或急流区，提醒游客注意避让。在装备方面，景区应根据水流条件和游客需求提供必要的安全装备。在水量大和流速快的条件下，景区应为游客提供头盔、安全手套和专用漂流鞋等防护装备。面对体质、年龄不同或有特殊需要的游客，景区应根据个人情况提供相应的安全支持。最后，漂流点的医疗支持也不可忽视。景区应在起点和终点配置急救箱，并在条件允许的情况下设立医务室，聘请专职医生。同时，景区应与本地医院建立紧密联系，确保在发生紧急情况时可以快速有效地进行救治。

（二）垂钓项目设计

1. 垂钓项目简介

垂钓作为一种古老的活动，起初是作为获取食物的一种手段而存在的。随着社会的发展，这一活动逐渐演变成一种休闲方式，尤其是在全球范围内的发达地区被视为一项有益身心的娱乐休闲活动。20 世纪 50 年代，国际上对钓鱼的兴趣激增，导致了钓鱼热的兴起。1952 年，欧洲、非洲和拉丁美洲的多个国家成立国际钓鱼运动联合会。在中国，垂钓作为体育活动也获得了官方的认可和支持。1983 年 9 月，国家体育运动委员会在无锡市发起成立了中国钓鱼协会，此后多个省区市也纷纷建立了自己的地方钓鱼协会。垂钓已不仅仅是一种休闲方式，更成为一种流行的度假活动和群众性的体育运动。这项活动不仅能带来心理上的放松，还能增强和提高人们的耐心和专注力，成为现代生活中一种时尚而健康的生活方式。

2. 休闲垂钓场所规划设计

（1）项目选址。在规划和设计休闲垂钓场所时，选择合适的地点是关键。理想的垂钓池塘应位于城市郊区，以便游客访问，又能保持一定的距离，从而避免城市喧嚣影响钓鱼体验。池塘选址应考虑交通的便利性，确保游客可以轻松到达，但同时要远离繁忙的道路，没有噪声污染，以维持池塘的宁静和自然美景。这样的环境不仅有利于促进池鱼的健康生长和提高垂钓的成功率，也能吸引和满足垂钓爱好者对平和及自然氛围的追求。

（2）池塘规格。设计垂钓池塘时，要考虑池塘的管理效率和钓鱼的便利性。一个合适的池塘规模为 0.33 万～ 0.67 万平方米，这样的面积既方便管理也适宜垂钓。水深建议保持在 2.0 ～ 2.5 米，这样的深度既适合鱼类生存，也便于进行干塘和拉网等操作。为了保证水质和生态环境的优良，池塘应有稳定而充足的水源，并且排灌系统要畅通无阻。适当引入河水可以有效改善水质，为垂钓创造更好的环境条件。池底应保持平整，淤泥厚度大约为 0.2 米，这样的厚度有助于水生植物的生长和鱼类的栖息。此外，为了增强池塘的耐久性和安全性，建议使用砖石、多孔板或块石进行护坡，并建立稳固的池埂。这样的结构不仅美观，还能简化池塘的日常维护工作，同时为垂钓活动提供更加稳定和安全的环境。

（3）休闲垂钓池塘的环境与配套设施。设计休闲垂钓场所时，要考虑其环境与配套设施，为用户提供更佳的垂钓体验。垂钓场所通常分为规则式和自然式两种。规则式鱼塘通常呈长方形或正方形，其岸线直接且一致，适合垂钓新手及竞赛使用。自然式鱼塘则模仿自然水体，如湖泊或河流，可提供更自然的垂钓环境，其软质的池底和自然的边坡易于进出水，更受资深垂钓爱好者欢迎。在钓位的设置上，应保证每位钓者有 2 ～ 4 米的空间，以免拥挤并提高舒适度。植物配置应考虑功能性和美观性，同时不妨碍钓鱼活动。例如，池边可种植高冠且冠幅适中的乔木以提供阴凉，同时确保树冠下方高度充足以便活动。为增强体验，垂钓场所可辅以遮阳亭、休闲座椅等设施，周围可规划养殖和种植区，如禽类和蔬果园，这样既美化了环境又提供了现场消费选项。此外，鱼塘还应有清晰的指示标志引导至周边的厕所和渔具店，保证服务设施覆盖均匀。

第三节　休闲娱乐型体育旅游创新产品设计成功案例分析

国内外许多露营地通过精心的设计和管理，已经成为旅游市场上的亮点，吸引了大量旅游者的关注。本节将对国内露营地开发案例进行分析。

湖北荆州洈水汽车露营地作为我国首个五星级汽车自驾运动营地，融合了户外运动、观光旅游、休闲康养和度假居住功能，提供了一种多元化的旅游体验。以下从概况、受众定位、发展潜力与挑战等方面对洈水汽车露营地进行详细分析。

一、概况

洈水汽车露营地坐落于风光旖旎的荆州洈水国家水利风景区内，拥有森林、湿地和岛屿等自然资源。这个占地 27 万余平方米的露营地分为五大功能区域，以确保每位游客都能享受到舒适住宿和丰富多彩的娱乐活动。通过这样的设施布局，洈水汽车露营地不仅提供了一个多功能的旅游目的地，而且通过其活动的设计促进了游客与组织者之间的深度互动。作为国内首个获得“鹿鹰奖”的五星级汽车自驾运动营地，洈水露营地凭借其优越的地理位置和一流的设施和服务，在露营行业中树立了典范。从房车花园酒店到丛林木屋，再到观星帐篷，洈水汽车露营地提供了多样化的住宿选择，满足了不同游客的需求。其活动娱乐区设有丛林探险乐园，运动区设置有攀岩和垂钓等运动项目，为寻求刺激的游客提供了理想的场所。此外，洈水汽车露营地还重视提供高质量的游客服务，配套服务区内设有游客服务中心、淋浴房、洗衣房等基础设施，确保游客在享受大自然的同时，依然能享受到便利和舒适。

二、受众定位

洈水汽车露营地精准定位其目标受众，覆盖了自驾游爱好者、户外探险者、家庭游客以及追求非凡住宿体验的游客。这个独特的露营地通过提供多样化的住宿选项，如房车花园酒店、丛林木屋以及观星帐篷，吸引了那些寻求高端和个性化旅游体验的游客。每种住宿类型都有独特的主题和高品质的设施，能满足不同游客的具体需求和偏好。对于带有小孩的家庭游客，淹水汽车露营地特别设有儿童乐园和戏水池，并提供安全且充满乐趣的娱乐选项，让大人和小孩都能找到适合自己的活动。此外，团队活动区域还配备了完善的设施，如丛林野战乐园和空中华容道，非常适合企业团队建设和大型团体活动，使人们在提高团队协作精神的同时享受自然的乐趣。

三、发展潜力与挑战

随着现代旅游者越来越偏爱融自然体验与休闲活动于一身的旅游形式，淹水汽车露营地展现出巨大的发展前景，这一全功能的露营地以其独特的吸引力成为热门目的地。为了不断增强其市场竞争力，淹水汽车露营地正致力于进一步丰富和提升其设施和服务，如加入生态旅游和冒险体验等创新项目，以吸引更广泛的客群。

然而，淹水汽车露营地在发展的过程中也遇到了一系列挑战。作为位于敏感生态区的露营地，它必须在不干扰自然环境的前提下运营。这就要求营地严格遵守环保规定，并采取所有必要措施，将对环境的影响最小化。此外，露营地的业务受到季节性波动的影响较大，管理团队需要策略性地平衡旺季和淡季的营收，以确保全年的稳定运营。同时，户外活动的安全管理也是一个重要的考量因素，营地需要确保所有的设施和活动都符合较高的安全标准，以保障游客的安全。

为了实现长期成功和持续发展，淹水汽车露营地必须综合这些因素，制定和实施一套有效的管理策略。通过这样的努力，淹水汽车露营地不仅能够提供一种独特而迷人的旅游体验，而且能够展现其在实现商业成功的同时积极致力于保护自然环境和推广可持续旅游的承诺。这种平衡将是其吸引更多游客并在竞争激烈的旅游市场中脱颖而出的关键。

第六章　户外探险型体育旅游创新产品设计

第一节　户外探险型体育旅游创新产品的概念与特点

户外探险型体育旅游是指参与者在自然环境中进行各种体育活动。这些活动通常涉及探险和探索元素，并且往往在一定程度上具有挑战性和风险性。这类旅游创新产品以其独特的吸引力和挑战性，满足了现代人追求刺激、探索未知和自我超越的需求。

一、户外探险型体育旅游创新产品的概念

户外探险型体育旅游融合了体育、旅游和自然探索三种元素，参与者不仅能够享受体育运动的乐趣，还能体验与自然环境的直接互动。这种形式的旅游包括潜水、滑雪、山地自行车等多种活动。

二、户外探险型体育旅游创新产品的特点

（一）挑战性与风险性

户外探险型体育旅游项目因其独特的挑战性和潜在的风险而闻名，受到那些寻求身体和技能极限的旅游者的青睐。这类活动要求参与者具有较高的体力水平和专业的操作技能，因为不可预见性和可能的危险性是其固有的一部分。正是这种需要克服困难的特性，让户外探险活动成为极具吸引力的项目。

（二）季节性

户外探险型体育旅游的活动种类与季节变化密切相关。例如，在冬季，旅游者可以享受滑雪或者攀冰这样的冰雪活动；而到了夏季，项目则转变为攀岩或漂流等暖季适宜的活动。这样由季节变化引起的旅游项目差异不仅丰富了旅游产品的内容，还使得旅游目的地能够全年吸引有

不同需求的旅游者。此外，这种明显的季节性也要求旅游策划者和管理者根据不同的季节特点设计和调整旅游项目，以确保旅游体验既安全又有趣。

（三）社交互动性

户外探险活动往往强调团队协作的重要性。参与这类活动的旅游者在共同面对自然挑战时，有机会加强和增进彼此间的联系和理解。例如，在攀登陡峭的山峰或者穿越湍急的河流过程中，团队成员必须相互支持。这种合作促进了深层次的社交，提升了团队间的凝聚力。

（四）多样性与可定制性

户外探险型体育旅游提供了广泛的活动选项，使得每位旅游者都能根据自己的兴趣和能力选择合适的项目。从冬季的滑雪到夏季的山地自行车，不同的地理场景和季节为旅游者提供了丰富的选择。此外，这些活动的难度和内容可以灵活调整，以适应技能水平不同的旅游者的需求。无论是刚开始尝试户外活动的新手，还是经验丰富的探险家，都可依据自身需求选择相应的项目。

第二节　户外探险型体育旅游创新产品的类型与设计

一、滑翔伞、动力滑翔伞、热气球项目设计

（一）滑翔伞项目概述

滑翔伞是20世纪70年代始于欧洲的一项航空体育活动，一群寻求刺激的登山者初尝从高山顶部用降落伞滑行至谷底的快感，随即意识到这种活动的体育潜力。此后，滑翔伞逐渐从一种山地降落伞运动演变成

独立的航空体育项目。特别是在1984年，法国运动员罗格·费龙（Roger Fillon）从阿尔卑斯的勃朗峰成功飞行之后，滑翔伞运动一下就成为世界上广受欢迎的运动。该运动的吸引力在于其独特的刺激性和挑战性，使其不仅在欧洲，还在全球范围内迅速流行开来。据统计，仅在欧洲就有超过300万的飞行爱好者。随着时间的推移，这项运动在20世纪80年代末传入中国，受到了广大航空运动爱好者的热烈追捧。滑翔伞以其易学性、娱乐性和相对较高的安全性而受到喜爱，逐渐成为一种流行的休闲体育活动。最初的滑翔伞设计较为简单，主要采用与飞机跳伞相似的翼型方伞。这种早期的滑翔伞以控制下降速度为主，滑翔能力较弱，但因其良好的安全性能而得到初步应用。经过几十年的技术迭代和改进，现代的滑翔伞已经演变成形状优雅的月牙形翼面，在速度、爬升和滑翔性能等方面均有显著提升，成为一种高效的航空器。

滑翔伞不仅为飞行爱好者提供了从高空自由飞翔的机会，也让人们得以在飞行中享受大自然的壮丽景色。这种结合运动与观光的体验使得滑翔伞成为一种独特的体育旅游项目。随着全球对此类活动安全标准的不断提高，滑翔伞运动的安全性也得到了极大的提高，使其成为更多人可以参与的户外运动。这项运动不仅仅是一次冒险，更是一种生活态度，让人们在飞翔的同时，感受自由与激情的融合。

（二）滑翔伞设备和功能

滑翔伞作为一种柔性翼型悬挂式滑翔设备，利用空气动力学原理，通过空气和翼型伞衣的相互作用产生必要的升力和阻力，使飞行者得以在空中滑翔。它的基本构成包括伞衣、伞绳、背带系统及操纵系统，各有其独特功能和重要性。

从滑翔性能上，按照滑翔比，即水平飞行速度与垂直下降速度的比例，滑翔伞可以划分为三个主要类别。标准型滑翔伞适合初学者，其滑翔比为 5 ～ 7，提供稳定的下降速度和较高的安全性，且操作简单。休闲运动型滑翔伞，其滑翔比为 7 ～ 9，这种滑翔伞能够在一定程度上提供上升气流利用能力，减少折翼现象，适合爱好者及准备进入专业级别的飞行者使用。而专业竞技型滑翔伞，滑翔比超过 9，能在更长时间和更远距离内保持飞行，其快速的水平速度和较低的下沉率使其成为高级飞行员的首选。详细来看，伞衣是滑翔伞的核心部分，其形状和面积的设计直接影响着升力的产生和飞行的稳定性。伞衣通过与空气的相对移动，有效地产生用于飞行的空气动力。伞绳的作用不仅有将伞衣与背带系统连接，以确保飞行设备的完整性，还有保持伞衣的形状并在飞行中传递飞行员的操控力。背带系统，也就是飞行员的座椅，由多个功能性部件组成，可确保飞行员在飞行过程中的舒适度与安全性。这些部件的设计考虑了承载力和使用的便捷性，使得飞行员可以在长时间的飞行中保持较好的舒适度。操纵系统主要由操纵带、操纵绳和操纵圈组成，允许飞行员通过物理操作改变滑翔伞的飞行方向和角度。此外，高性能滑翔伞配备了脚蹬加速装置，可在需要时通过调整脚蹬来改变飞行速度和姿态。在飞行中，部分伞绳的调整也是操控的一部分，这为飞行员提供了更高的灵活性和进行精确控制的可能。

除了这些主要装备，滑翔伞飞行还可能需要额外的辅助设备，如救生装备、头盔、通信设备以及保护性护具等，这些都是为了提高飞行的安全性和舒适性。每一类设备的设计和选用都旨在增强整体飞行体验，以确保飞行者能在不同的飞行环境中安全、高效地进行滑翔。

（三）滑翔伞场地、设施设备条件

1. 场地

滑翔伞作为一种依赖势能转换为动能的无动力飞行方式，通常选择在山区进行。这种地点便于飞行者利用高度差获得初速并寻找有利于长时间飞行的上升气流。具体地说，一个合适的起飞场地要求较为特殊，其地面应该是平坦的，至少要有30米的长度和20米的宽度，且坡度不能超过30度，同时该区域上方不应存在任何形式的障碍。至于着陆场地，则需要更大的空间以确保安全，至少应保持50米长和50米宽的平坦开阔地带，并且同样不应有空中障碍物。

2. 飞行装备

进行滑翔伞飞行，确保所有装备均符合安全标准是至关重要的。这包括主滑翔伞和备份伞都必须通过专业技术机构的严格检验，并获得正式的产品合格认证。在进行飞行活动时，飞行员除了要携带备用伞以应对紧急情况，还需要装备无线电双向通信设备以保持通信畅通、装备计时器以记录飞行时间和高度计以实时监控飞行高度。此外，为了飞行安全，飞行员还应配备专用的飞行头盔和专为滑翔设计的鞋具，以提高防护效果和舒适度。

3. 辅助设施

在滑翔伞飞行的场地上，除了必需的飞行装备，还需配备一系列辅助设施以增强安全性和可操作性。这包括装有广播和通信系统的设备，用于确保现场与飞行员之间的顺畅沟通。同时，场地上应装备风速计和风向标，以便飞行员和地面人员能够实时了解天气变化。

4. 安全保障

为了确保滑翔伞飞行活动的安全，飞行场地需采取一系列综合保障措施。首先，飞行区域应在显眼位置设置包含飞行须知和安全警告的指示牌，以便飞行人员及时获取相关信息。其次，所有操作滑翔伞的人员必须持有中国航空运动协会颁发的正式飞行资格证书，以确保其具备相应的技能和知识。飞行安全间距也是重要的考量之一，滑翔伞在飞行过程中必须与任何潜在障碍保持至少50米的安全距离。为应对可能的紧急情况，飞行场地应配备救护车辆，并装备必要的医疗救援设备，如氧气袋、救生床以及急救药品和器械。再次，飞行场地还应提供当日的详细天气预报，以便飞行员和地面人员能够做出合理的飞行决策。为防范可能的治安问题和应对突发事件，飞行场地需制定详尽的安全预案，并设有治安防范措施。同时，所有工作人员在其岗位上必须有明确的标志，以便识别和寻求帮助。最后，一个健全的飞行运营系统应包括治安保卫、安全救护、设备维护及人员服务等各方面的制度和责任，这样才能够极大地提升整个活动的安全性和效率。

（四）动力滑翔伞项目设计

动力滑翔伞结合传统滑翔伞的设计与小型发动机的动力支持，形成一种超轻型的软体飞行器。这种飞行器大致可以分为两种类型：背负式和轮式。尽管两者在设计上与传统滑翔伞类似，但在实际应用中，场地与设备的具体要求略有区别。

关于场地，无论是起飞还是着陆，都应选择平坦开阔的区域，以确保上空没有任何障碍物。对于轮式动力滑翔伞，由于其起飞与着陆的动力支持，需要的起飞场地长度至少为 150 米，宽度不少于 100 米；着陆场地则需长宽均不低于 80 米。而背负式动力滑翔伞，由于其结构较轻，起飞与着陆所需的场地相对较小，长宽均不短于 50 米。所有这些场地都需要有正式的使用证明，以确保飞行活动的合法性和安全性。

在飞行装备方面，无论是轮式还是背负式动力滑翔伞，都必须获得专业技术机构认证的合格证明，以保证其符合法定安全标准。飞行时，飞行员需配备无线电双向通信设备以保持与地面或其他飞行员的联系，同时应佩戴计时表和高度表以监控飞行状态。为了飞行安全，飞行员还必须穿戴专门设计的飞行头盔和飞行鞋。背负式动力滑翔伞飞行员还需要携带备用伞，以应对可能的紧急情况。此外，飞行场地还应配备完善的辅助设施，包括风速和风向测定仪，以及各类符合规范的公共标志，这些都是为了提高飞行的安全性和效率。通信设备的存在确保了在飞行中的任何时候都能保持顺畅的沟通，从而有效预防和处理可能出现的紧急情况。

（五）热气球项目设计

热气球作为一种通过加热空气而产生浮力的非动力飞行器，具有悠久的历史。从三国时期的孔明灯到18世纪初法国的蒙格鲁非兄弟首次使用热气球升空，再到现代的科技发展和全球普及，热气球一直是人类探索天空的重要工具。现代热气球运动在中国自20世纪80年代起飞速发展，不仅生产本土化的热气球，还积极参与国际赛事和表演，促进了技术交流与文化交融。在热气球飞行项目的设计中，场地要求、设备及辅助设施的配置以及安全保障措施都是保证运动顺利进行的关键因素。

首先，场地的选择至关重要。起飞场地须为开阔且平坦的空地，长度和宽度至少分别为30米和20米，以保证足够的安全空间。其次，着陆场地也应具备相似的特性，并确保无任何障碍物影响安全着陆。对于夜间飞行或系留活动，场地需要配备充足的照明设施，以确保夜间活动的安全。

在设备方面，所有热气球都必须通过权威机构的检验，并获得合法的产品检验合格证明，这是确保设备安全可靠的基本前提。热气球的飞行装备不仅包括飞行本体，还应包括通信器材以保证飞行中的通信畅通。此外，飞行场地还必须有专用的库房存放燃料瓶等易燃易爆物品，库房的设计和管理须符合严格的消防安全规范。

安全保障措施是热气球飞行不可忽视的重要组成部分。每个热气球在起飞前都应确保至少有一名经过专业培训的技术指导人员在场，他们的存在可以大大降低飞行中的潜在风险。场地显眼位置应设置“热气球乘飞人员须知”和相关安全警示标志，以提醒所有参与者注意安全。急救设备和药品应放置在易于取用的位置，以确保在紧急情况下可快速使用。此外，所有相关人员的工作岗位应有明显的标志，以确保每个人的职责明确，避免任何可能的安全隐患。

除了上述措施，场地还应配备完善的治安保卫和安全救护系统，设备维修和人员服务岗位也需建立严格的责任制度。这些制度不仅能够确保设备的正常运作和人员的安全，还能在突发事件发生时，快速有效地应对。

二、滑雪与滑草项目设计

（一）滑雪项目简介

滑雪作为一项多样化的冬季运动，其魅力在于各种不同的滑雪形式和广泛的适用人群。这项运动涵盖了高山滑雪、北欧滑雪、单板滑雪、自由式滑雪、冬季两项、登山滑雪以及定向滑雪等多个大类，每个大类下还细分为多个小项。这些小项根据其性质可以进一步分为专业竞技和大众休闲两类。

专业竞技类项目，如跳台滑雪和自由式滑雪的空中技巧，要求滑雪者具备高水平的技能和专业训练，这些项目往往在特定的竞技场地进行。而大众休闲类项目，如高山滑雪的回转与大回转、单板滑雪的大回转和基本跳跃以及越野滑雪的各种单项，更适合普通爱好者参与，以便通过滑雪活动享受冬日的乐趣和挑战自我。滑雪场地是专为这项运动设计和建设的地点，根据不同的滑雪项目，其规模和形态也有所不同。高山滑雪和越野滑雪通常需要较大的自然山地，而跳台滑雪和单板滑雪 U 形场地则需要建造专门的设施来满足技术要求。这些场地不仅为专业训练提供了条件，也为公众休闲活动提供了设施。这些滑雪场地被泛称为滑雪场、滑雪度假村、滑雪运动基地或中心、滑雪俱乐部和滑雪学校，其包括室内滑雪场和滑雪游乐场等多种形式。无论是户外的自然雪场还是室内的人造雪场，这些滑雪场所都能提供安全、专业的滑雪体验，同时满足不同层次滑雪爱好者的需求。

（二）滑雪场选址

选择合适的滑雪场是确保运动体验和维持自然环境平衡的关键。为了达到这一目标，设计师需要综合考虑多个因素，包括地理位置、生态保护、成本效益以及未来发展的可持续性。

第一，滑雪道的方位对雪期的长短至关重要。理想的滑雪坡道应朝向北或西北，这样可以避免阳光直射，延长积雪期。在滑雪时背对阳光，有助于减少光线对滑雪者视线的干扰，提升滑行的舒适度和安全性。此外，选择坡度适中、地表平坦少石的地形，不仅有利于减少建设初期的平整作业，降低作业成本，而且宽敞的坡面可以提高接待能力，平坦的山脚则便于规划各种配套设施，为滑雪场的长期发展留出空间。

第二，选择开发滑雪道的地段也需兼顾环保因素。开发滑雪道应优先考虑草地或已耕种的地块，以减少对原生林木的砍伐。建成后，雪道间和周围应植入隔离林带和草本植物。这不仅有助于改善当地微气候，还能保护山地的生态环境。

第三，风力条件也是必须考量的重要因素。选择风力较小或自然屏障，如山体和林木能有效遮挡风力的地区建设滑雪场。强风会妨碍索道运行、人工造雪和积雪保存，严重时还会影响滑雪道表面的雪质，使滑雪体验大打折扣。

第四，水资源是滑雪场运营中不可或缺的部分，尤其是人工造雪技术的应用。一个滑雪场的水需求取决于其规模，小型滑雪场需要至少 5 万立方米的水储备，中型滑雪场需要 10 万立方米的水储备，而大型滑雪场则需要超过 15 万立方米的水储备。确保充足的水资源不仅是为了造雪，也是为了给滑雪区的日常运营和游客的需求提供保障。

第五，林木覆盖是另一个关键考量点。成熟的林木不仅对滑雪场起着天然装饰的作用，还能在恶劣天气中发挥保护作用，如防风和防止积雪滑移而造成雪崩。在大雪天气中，林间的雪景提供了独特的自然美，增强了滑雪的趣味性。

第六，交通便利性也是选择滑雪场时的重要考虑因素。滑雪场与主要高速公路的距离、是否可通过火车直达以及与中心城市的距离都是评估其交通条件的关键指标。便捷的交通不仅可方便游客到达，也有利于日常运营和紧急情况下的快速反应。

（三）滑草项目设计

滑草运动起源于 1960 年，由德国的约瑟夫·凯瑟创始。这项活动涉及在倾斜的草坪上使用带履带的设备进行滑行，其基本技术与滑雪类似。最初，滑草被用作滑雪季节前的训练活动，帮助国家滑雪队在夏季保持技能。如今，它已经成为滑雪场在夏季的常见活动之一。与滑雪相比，滑草的优势在于它对气候的依赖较小，普通草地、高尔夫球场或度假区都可以经过简单的改造设立滑草场。

1. 滑草场场地要求

滑草运动需要特定的场地设施，其设计与滑雪初级道相似，但对速度有更低的要求。理想的滑草道长度应介于 120 ～ 300 米，宽度则在 30 ～ 80 米的范围内最为合适。为了适应不同的滑行需求，场地通常设计为分段倾斜度：起始的 20 米坡度为 8°，接下来的 20 米降低至 6°，随后 30 米坡度进一步降至 4°，最后 30 米坡度为 2°。此外，为了安全的减速和停止，滑草道应该在底部增加一段 20 米的平地以及 8 米的向上缓冲区。

专门用于滑草车（滑橇）的场地，最佳长度建议为 80 ～ 100 米。这种场地应包括一段60米的10°下坡，加上20米的平坦区域，以及8米的上坡缓冲区，这样的布局有助于确保滑行过程的连续性与结束时的安全性。这些场地设计标准能在优化滑行体验的同时，确保参与者的安全。

2. 滑草场草坪要求

滑草场草坪的质量对运动的可行性和场地的美观性都至关重要。首先，草坪需要具备高耐磨性和抗压性，因为它会频繁承受游客的踩踏和滑草设备的摩擦。此外，选择的草种必须能够适应各种气候条件，包括抵抗寒冷、干旱、盐碱以及病虫害。这些特性使得草坪能够在不同环境中维持健康生长，降低维护成本。草坪的抗逆性特别重要，因为滑草活动不受季节和地理位置的限制，所以需要一种在较为恶劣的条件下也能生存的草种。这样不仅能保证滑草场的功能性，还能减少对环境的影响。此外，草坪的视觉效果也非常关键。利用不同深浅的绿色植被，可以增加草坪的色彩对比，从而不仅提供了良好的活动空间，还增添了景观美。这样的设计不仅吸引了游客的视觉注意，也提升了游客的体验质量。因此，在规划滑草场时，选择合适的草种和草坪布局是实现既美观又实用的关键。

3. 滑草装备要求

滑草运动的装备设计应针对特定的运动需求，以确保参与者的安全与舒适。滑草装备主要包括以下几种。

（1）滑草器。这是滑草运动的核心设备，类似于迷你版的坦克履带车。标准滑草器的长度大约是0.8米，而用于竞赛的可以达到0.95米。滑草器内装有滚珠，这些滚珠是促进滑行的关键部件，使得使用者在高速下可以执行类似滑雪时的动作。

（2）固定器。这种设备设计简洁，主要功能是将滑草鞋牢牢地固定在滑草器上，其设计焦点在于确保穿脱的便捷性，不涉及复杂的机械机关。

（3）草鞋。滑草所用的鞋与滑雪鞋完全相同，其设计目的是有效地保护踝关节，因此不适合使用其他替代品。

（4）滑草杖。滑草杖与滑雪杖在功能上是相同的，用于帮助滑行者保持平衡。由于滑草器相比于滑雪板有更高的构造，因此滑草杖的长度通常比滑雪杖长出 0.05 米以上。对于初学者来说，滑草杖还可以作为助推工具使用。

（5）滑草护具。为了最大限度地减少运动中可能发生的伤害，滑草运动还需配备包括头盔、加厚的护肘和护膝、护手以及护小腿在内的全套护具。这些护具专为保护头部、肘部、膝部等易受伤的部位而设计。

第三节　户外探险型体育旅游创新产品设计成功案例分析

本节将分析阿勒泰地区是如何利用其冰雪资源将自身塑造成国家级冰雪运动中心的。此例证明，依托自然资源优势开发户外探险和体育旅游产品，能够推动地方经济发展，并为从业者提供丰富的参考和启示。

一、阿勒泰地区基本情况

阿勒泰地区坐落在中国新疆北部，其地理坐标为北纬 45° 至 47°，是全球公认的滑雪黄金带。这里的冰雪资源在国际上获得极高的评价，可与欧洲的阿尔卑斯山区及北美的落基山区相媲美，被视为中国最佳的天然滑雪场之一。阿勒泰地区的雪季长达六个月，积雪深度通常超过一米，平均气温在零下 13.6 摄氏度，雪质属于极高质量的“粉雪”。该地区覆盖了 5 750 平方千米的可滑雪区域，并拥有多个落差超过 1 000 米的山体。这些自然条件支持了超过 20 座大型国际滑雪场的建设，使其成为世界上最大的冰雪产业集聚地之一。这些优越的自然资源为冰雪运动爱好者提供了丰富的选择，也为阿勒泰地区的旅游和体育产业带来了巨大的发展潜力。

二、主要措施

（一）坚持高位推动，实现旅游业高质量发展

在阿勒泰地区，旅游业尤其是冰雪旅游业的发展受到了地方政府的高度重视。领导层直接参与制定发展策略，以确保该行业能够符合高质量发展的要求。为此，阿勒泰地区成立了由行政专员领导的冰雪产业发展领导小组。这个团队负责具体的策略制定、研究、实施和监督工作，以确保各项措施得以有效执行。该地区的战略目标是将旅游业尤其是冰雪旅游业发展成推动经济社会发展的主要平台和项目。政府团队的持续努力旨在将阿勒泰打造成中国乃至全球的顶级旅游尤其是冰雪运动目的地。通过集中资源和精力，采取有针对性的长期措施，阿勒泰地区致力于提升旅游服务质量和游客体验，不断优化旅游产业结构，从而实现了旅游业的可持续发展，同时为地区经济带来了新的增长点。

（二）坚持科学布局，全面推动冰雪旅游业发展

阿勒泰地区积极推进冰雪旅游业的发展，已经制订了详尽的行业发展计划。这一计划旨在通过“两核、两带、十组团”的战略布局合理分配旅游资源，以促进区域旅游业的均衡和全面发展。在具体实施方面，该地区已完成多个重要项目，包括阿勒泰市将军山滑雪场的南坡改造工程以及可可托海国际滑雪场等多个滑雪场的建设和开放。此外，桦林公园内的“桦林冬奥冰雪乐园”和福海海上魔鬼城冰雪乐园也已竣工并投入运营。此外，阿勒泰地区还开发了一系列丰富多彩的冰雪旅游产品，以满足不同游客的需求。这些产品包括滑雪、滑冰、马拉爬犁、雪地赛马、热气球体验、冰上龙舟比赛、雪地摩托车、雪上射击、雪地碰碰车、冬季钓鱼及拉网捕鱼等体验活动。通过这些活动，阿勒泰地区不仅增强了旅游业的吸引力，也进一步丰富了游客的旅游体验，确保了旅游业发

展的高质量和可持续性。

（三）坚持持续投入，建立立体旅游交通网络

为了提升阿勒泰地区的旅游便利性和吸引力，当地政府每年投资1亿元用于航空补贴，以加强与新疆内外主要城市的空中连接。这包括开设直飞及经停北京、西安、重庆等地的航线，以确保喀纳斯机场全年，特别是在冬季运行。此外，为了促进各主要滑雪场之间的协同，政府还推出了多项交通优惠措施，如阿勒泰市至富蕴县间的60元特惠机票，以及从深圳到富蕴的定期包机服务。同时，为了进一步提升地区内的交通效率，该地区开通了将军山至可可托海滑雪场的直达车服务，并成功运营富蕴至阿勒泰的铁路，大大缩短了旅行时间。这些措施共同构成了一个多层次的旅游交通网络，使得阿勒泰地区更加易于抵达，也为当地旅游业的持续增长和发展提供了坚实的基础。

（四）坚持全域发力，打造冬季旅游节事品牌

阿勒泰地区致力于发展成冬季旅游的重要目的地，并通过系列文化旅游节事活动提升其品牌影响力。该地区采取了严格的监管措施，包括执行“三道门”安全检查和“八项监测预警机制”，以确保活动的顺利进行和游客的安全。为了丰富旅游体验并推广地区文化，阿勒泰陆续举办了一系列标志性活动，包括可可托海和禾木吉克普林的首滑节、福海乌伦古湖的冬捕节、吉木乃的萨吾尔冬牧文化旅游节、布尔津的雾凇节以及喀纳斯的冬季摄影节等。这些节庆活动不仅展示了阿勒泰独特的自然美景和丰富的文化遗产，也吸引了大量游客和摄影爱好者。此外，阿勒泰地区的滑雪场，如将军山和可可托海国际滑雪场，与全国其他著名的滑雪度假地，如河北崇礼万龙度假天堂、吉林北大湖滑雪度假区、陕西鳌山滑雪场、新疆丝绸之路国际度假区以及黑龙江亚布力阳光度假村等，共同组成了全国滑雪联盟。

（五）坚持因地制宜，大力推广普及冰雪运动

为了推广冰雪运动并提高这些活动的参与度，阿勒泰地区采取了一系列措施来普及滑雪和滑冰。该地区积极在学校中推广冰雪项目，已经设立了20所自治区级雪上示范学校。此外，中小学的体育课程被安排在滑雪场和滑冰场进行，学生们每周有一次专门的冰雪体育课。尤其是将军山滑雪场，自2020年雪季起向所有本地中小学生推出免费滑雪的政策，鼓励更多学生体验和从事这项运动。阿勒泰还积极组织各种与冰雪运动相关的活动，包括“争当2022年北京冬奥会志愿者”选拔活动以及举办全国青少年冬夏令营·新疆站阿勒泰速度滑冰冬令营等。通过这些活动，阿勒泰地区形成了每个人都参与冬奥会和关注冰雪运动的社会氛围。

（六）坚持多措并举，持续提升冰雪旅游热度

为了不断增强冰雪旅游的吸引力，阿勒泰地区实施了一系列综合策略，特别是在信息传播和市场推广方面。该地区充分利用移动互联网和新媒体的传播优势，积极在抖音、快手等短视频平台，以及多个旅游媒体和官方媒体上加大宣传力度，提高可见度和互动频率。为了更好地吸引游客，阿勒泰地区还提前策划了秋冬季旅游活动，制定并推出了针对这两个季节的旅游优惠政策。每年9月中旬，该地区会组织16支旅游推介小组前往国内32个主要客源市场，开展秋冬季旅游推介会。此外，这些小组还会访问当地的旅游企业、旅游协会、自驾车组织和滑雪俱乐部等，以此在全国范围内营造阿勒泰旅游的热潮。在文化传播方面，歌曲《可可托海的牧羊人》在网络上获得了超过30亿的播放量。这不仅极大地提升了阿勒泰地区可可托海的知名度，也激发了全国各地人们对该地区的兴趣。这种多渠道、多层次的推广策略有效地提升了阿勒泰地区的旅游热度，使其成为冬季旅游的热门目的地。

三、取得的成果

阿勒泰地区通过积极推广冰雪体育及相关旅游活动，已成功将自身打造成一个国内外知名的冰雪旅游目的地。2020 年，该地区获得多项荣誉，包括“中国冬游名城”“冰雪旅游十强市”“冰雪旅游十佳城市”等称号，证明了其在冰雪旅游领域的卓越成就。此外，毛皮板滑雪和禾木冰雪摄影活动也被评为“十大冰雪经典”和“十大冰雪时尚”活动，而将军山滑雪场不仅赢得了“中国滑雪场 TOP10”，还被认定为“区域特色冬季旅游目的地”。

阿勒泰市的将军山滑雪场和富蕴可可托海国际滑雪场被选为自治区体育行业职业技能鉴定的滑雪实操考点，显示了这些设施的专业水平和教育培训能力。更进一步的是，可可托海国际滑雪场还被国家体育总局指定为国家雪上项目训练基地。2020 年冬季，可可托海国际滑雪场成功接待了国家高山滑雪队和冬季两项国家队，以及其他省市的冰雪队伍，共计超过 107 名运动员进行长期训练。阿勒泰地区不仅在推广专业冰雪运动方面取得了成就，还在普及冰雪文化和提高公众参与度方面做出了显著努力。此外，阿勒泰地区还积极参与全国性的旅游宣传推广活动，其举措被选为全国国内旅游宣传推广的典型案例。这些努力带来了显著的经济效益，2019 年至 2021 年这三年里，阿勒泰地区在冬季共接待了 1 028 万名游客，旅游收入突破 100 亿元人民币，年均增长分别达到了 40% 和 60%。在 2020 年到 2021 年的冬季旅游中，接待的游客数量达到了 624.02 万人次，同比增长 67.85%。这些数字不仅证明了阿勒泰在冰雪旅游领域的吸引力，也显示了其旅游业作为地区经济发展驱动力的重要性。

第七章　虚拟沉浸式体育旅游创新产品设计

第一节　虚拟沉浸式体育旅游创新产品的概念与特征

现代旅游业在技术进步的推动下超越传统的旅游形式，进入一个全新的维度——虚拟沉浸式体育旅游。这种旅游模式结合了VR、全息投影、环绕音效等先进科技，创造出一个让游客能够“身临其境”体验各种体育活动的环境。从参与世界级体育赛事的观众席，到身处极限运动的现场，虚拟沉浸式体育旅游让一切皆有可能。

一、虚拟沉浸式体育旅游创新产品的概念

虚拟沉浸式体育旅游是一种利用最新科技手段，如VR头盔、3D环境模拟和动感平台，模拟并重现各种体育活动体验的创新旅游产品。这种产品设计是对传统体育旅游模式的扩展和革新，旨在突破物理和地理的限制，使得广泛的用户群体能够在任何地点享受传统体育活动的兴奋和挑战。随着技术的发展，尤其是VR技术的进步和普及，体育和旅游业界看到了这两个领域结合的巨大潜力。虚拟沉浸式体育旅游的概念由此诞生，它允许用户在虚拟环境中体验从滑雪到潜水、从攀岩到赛车等多种体育活动。这种体验通过模拟真实环境中的视觉、听觉、触觉甚至嗅觉，为游客创造一个几乎无法与真实体验区分的虚拟世界。

虚拟沉浸式体育旅游不仅仅是对现有旅游产品的简单增加或改进，更是重新定义了人们体验体育活动的方式。通过VR等技术，不受年龄、体能或地理位置的限制，每个人都可以安全地体验通常需要特定条件或技能才能参与的极限运动和其他体育活动。它为那些身体条件不允许进行高风险体育活动的人提供了体验这些活动的机会。从更广泛的社会文化意义来看，虚拟沉浸式体育旅游是对现代人追求健康生活方式和探险精神的一种呼应。这种产品能够激发人们的运动热情，增强个人的健康

意识和自我挑战的动力。此外，它也为旅游和体育产业提供了新的增长点和发展方向，有助于推动相关科技的发展和应用，从而促进旅游业的持续创新和升级。因此，虚拟沉浸式体育旅游成为一种全新的旅游体验方式。它不仅提升了旅游的科技含量，也为传统体育旅游业注入了新的活力和可能性，预示着未来旅游业发展的新趋势。

二、虚拟沉浸式体育旅游创新产品的核心特征

（一）全方位感官沉浸

在当代虚拟沉浸式体育旅游领域，全方位感官沉浸是通过综合运用VR技术、环境特效技术以及多感官模拟系统实现的，它为用户提供了一种尽可能真实的虚拟体育体验。这种技术不仅模拟了视觉元素，如球场的布局和观众席的细节，还复现了听觉、触觉和嗅觉等其他感官体验，从而提升了用户的沉浸感。科技的进步使得VR设备能够生成高清晰度的三维图像，结合头戴式显示器和定位传感器，用户可以在三维空间中自由移动和观察，就如同置身于现场一般。此外，环绕声音效技术能够根据用户在虚拟环境中的位置变化，调整声音的方向和强度，从而模拟真实的声场效果。例如，在足球赛的虚拟体验中，用户能够根据自己在球场上的位置，听到来自不同方向的观众喝彩声和球员呼喊声。触觉反馈技术也在虚拟沉浸式体育旅游中发挥了关键作用。通过振动反馈设备和动感平台，用户能感受到如跑动、跳跃或被球击中身体的真实感觉。此外，嗅觉模拟器的应用尽管仍处于起步阶段，但已经可以在一定程度上复现特定环境的气味，如新鲜草地的清香或体育场特有的泥土气息，这些都极大地增强了用户的真实感受。

（二）交互性

交互性是虚拟沉浸式体育旅游体验中的关键因素，它允许用户超越

传统的旅游体验，成为环境中的积极参与者。在这种设置中，用户的每一个动作都能通过先进的传感技术被捕捉，并实时影响虚拟环境的反应，从而实现高度的个性化互动体验。技术的核心在于动感平台和实时反馈系统的综合应用。动感平台通过模拟真实的运动反馈，如跑步的震动、击球的力度反馈等，使用户能够感受到每一次互动的直接后果。例如，在虚拟网球游戏中，当用户挥拍时，动感平台可以根据球的速度和方向提供相应的力反馈，增强打击感和游戏的真实性。此外，实时反馈技术确保了用户动作与虚拟环境的响应之间的无缝对接。这种技术利用高速数据处理和传输，保证了动作捕捉系统的延迟极低，从而确保了用户动作的即时传输和虚拟环境的快速响应。这不仅增强了体验的流畅性和沉浸感，也使得体育运动的模拟更加精确和真实。

（三）无地域限制

虚拟沉浸式体育旅游通过其独特的技术应用，克服了传统旅游中的地理界限，使得全球各地的用户都可以在虚拟环境中体验到世界各地的体育活动。这项技术的实施意味着用户无须走出家门，就可以体验到从欧洲的滑雪场到太平洋岛屿的冲浪点的多样化体育活动。通过使用先进的 VR 设备，如 VR 头盔和全身追踪装备，配合详尽的环境模拟，游客可以感受到每个地点的特有环境和气候条件。例如，当用户选择在虚拟环境中访问阿尔卑斯山脉时，他们不仅可以看到周围冰雪覆盖的山峰，还能感受到寒冷的气温和雪地的触感；选择冲浪活动时，他们同样可以感受到海浪的拍打和海风的吹拂。此外，这种旅游模式为那些身体条件或经济状况不允许远行的人开辟了新天地，使他们也能体验到不同文化和地理环境中的体育活动。这不仅增强了体育旅游的普及性，也为推广全球体育文化交流提供了新的平台，促进了全球体育共融的进一步发展。

（四）个性化和可定制性

虚拟沉浸式体育旅游的一个核心优势是其高度的个性化和可定制性。虚拟沉浸式体育旅游使得游客可以根据自身的偏好和体力条件，精心挑选并定制自己的旅游项目。每位游客都能根据自身兴趣选择喜欢的体育活动，并能进一步定制活动的难度等级和参与对手，以确保体验既刺激又适宜。通过这种方式，虚拟沉浸式体育旅游不仅扩大了其受众基础，还提高了用户满意度。例如，一个初学者可选择在低风险的环境中尝试滑雪，而有经验的滑雪爱好者则可选择更高难度的滑雪坡面。此外，体育活动的类型也可以多样化，从传统的足球、篮球到极限运动，如滑翔或深海潜水，可谓应有尽有。这种个性化的体验不仅限于选择活动类型和难度，还可以涵盖活动的时间、地点以及参与的虚拟社区。用户可以选择在虚拟的世界名胜进行活动，或者在某个特定的历史时刻，与虚拟生成的历史人物或其他在线玩家一同参与比赛。

三、虚拟沉浸式体育旅游创新产品的发展前景

虚拟沉浸式体育旅游正站在快速发展的风口上，得益于不断进步的技术支持和日益增长的市场需求，这一领域有望在未来几年内经历显著扩展。随着 VR 技术的成熟，以及消费者对新型旅游体验的强烈兴趣，虚拟沉浸式体育旅游已开始重塑体育和旅游市场的边界。

首先，这种创新的旅游形式通过提供可访问性更强的体验，使得广大体育爱好者在任何时间和地点，无须大量开支就能享受到一流的体育赛事和活动。这不仅扩大了体育市场的受众，还提升了用户参与度，增强了体育活动的互动性和趣味性。其次，虚拟沉浸式体育旅游为旅游业带来了全新的增长机会。传统的旅游模式受到地点、成本和时间的限制，而虚拟体育旅游突破了这些限制，为旅游业注入了新动力。旅游服务提供商可以利用这一技术，开发各种虚拟体验产品，吸引不同需求的消费

者，从而开拓新的利润增长点。此外，对于那些身体条件或经济条件不允许进行实地体育活动的群体，虚拟沉浸式体育旅游提供了一个无价的替代选择。无论是残障人、老年人还是经济条件有限的个体，都能通过这种形式感受到激动人心的体育冒险，享受健康、活跃的生活方式。未来，随着5G等高速通信技术的普及和大数据、人工智能的应用，虚拟沉浸式体育旅游的体验将更加丰富、更加逼真，进一步推动行业的创新和发展。这不仅将提升消费者的体验质量，还将促进全球旅游和体育产业的进一步整合，为相关行业创造出新的商业模式和机会。

综上所述，虚拟沉浸式体育旅游创新产品通过融合创新科技与体育活动，不仅极大地丰富了旅游市场的产品种类，也提供了全新的旅游消费体验，预示着旅游业未来发展的新方向。

第二节　虚拟沉浸式体育旅游创新产品的类型与设计

一、虚拟沉浸式体育旅游创新产品的类型

虚拟沉浸式体育旅游作为一种创新的旅游模式，已经发展出多种不同的产品类型，以满足不同游客的需求和兴趣。这些产品类型利用VR技术、AR技术、全息投影和其他多感官集成系统，提供从极限运动到团队体育，再到个人健身活动的广泛体验。以下是一些主要的虚拟沉浸式体育旅游创新产品类型（图7–1）。

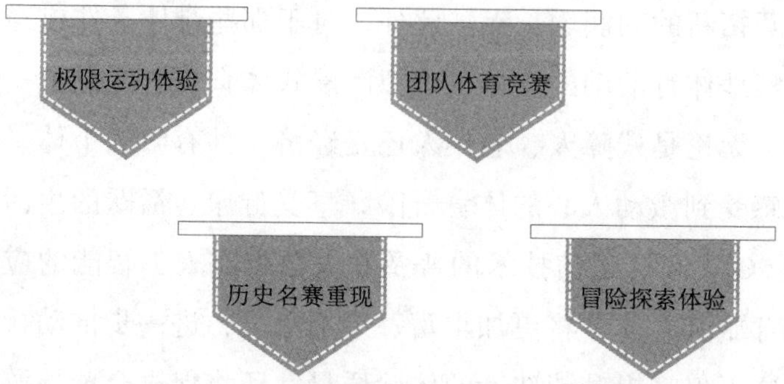

图 7-1　虚拟沉浸式体育旅游创新产品类型

（一）极限运动体验

这类产品为那些寻求刺激但又担心实际安全问题的用户提供了一个完美的解决方案。利用 VR 技术，游客可以体验滑翔伞、悬崖跳跃、高空跳伞等极限运动，无须担心安全风险。这类产品不仅重现了运动的视觉和听觉感受，还模拟了风速、气压等环境因素，为用户提供了极为逼真的体验。

（二）团队体育竞赛

虚拟沉浸式体育旅游还可以模拟各种团队体育项目，如足球、篮球、棒球等。通过 VR 设备，用户可以与来自全球各地的其他玩家组成队伍，参加虚拟比赛。这不仅提高了体育活动的可接触性和包容性，还增强了游客之间的互动和社交体验。

（三）历史名赛重现

通过精确的数据模型和高级的图形技术，一些虚拟体育旅游产品能够重现历史上著名的体育比赛。游客可以“亲临”历史上的奥运会决赛、世界杯足球赛或者经典的拳击对决，体验那些激动人心的瞬间。

（四）冒险探索体验

利用VR和AR技术，这类产品允许用户探索通常难以到达的自然景观或极端环境，如深海潜水、洞穴探险等。这种体验在为用户提供刺激的探险活动的同时，避免了真实环境中可能存在的风险。

虚拟沉浸式体育旅游创新产品通过多样化的体验类型，不仅极大地丰富了旅游市场，还为不同需求的游客提供了创新和安全的体育体验选择。随着技术的不断发展，预计未来会有更多创新和定制化的体育旅游产品不断涌现，进一步推动旅游和体育行业的融合与发展。

二、虚拟沉浸式体育旅游创新产品设计

虚拟沉浸式体育旅游创新产品是结合先进技术与传统体育活动的创新型旅游服务。此类产品利用VR、AR、动感平台和环境模拟技术，为用户提供身临其境的体育体验，而无须用户走出家门。设计师在设计这类产品时，必须考虑以下几个关键元素，以确保产品既安全又能使用户满意。

（一）产品概念和目标市场

在创建虚拟沉浸式体育旅游创新产品时，关键的第一步是精确定义产品的基本概念以及确定其目标市场。这类产品设计不仅要求技术的先进性，还要求对目标用户群体有深刻的理解。虚拟沉浸式体育旅游创新产品包括多种体育活动，如滑雪、潜水和攀岩，每种活动都具有其独特的吸引力和目标受众。这种方式能为不同需求的用户提供定制化的体验，无论是寻求刺激的年轻冒险者，还是希望安全体验极限运动的中年体育爱好者。这种产品的设计理念围绕着三个主要目标：教育价值、娱乐性和刺激体验。首先，教育价值体现在用户能够通过体验了解各种体育活动的技巧和安全知识，同时学习不同运动背后的文化和历史。其次，娱

乐性是虚拟体育旅游产品必不可少的组成部分，通过高质量的视觉和听觉效果，用户可以在享受虚拟运动的同时获得乐趣。最后，刺激体验是通过模拟真实的体育活动环境和条件，为用户提供挑战自我极限的机会。此外，确定产品的目标市场也是设计过程中的关键。目标市场的定义应包括潜在用户的年龄、性别、体能水平以及对新技术的接受程度。例如，年轻用户可能更倾向于寻求高度刺激的体验，如虚拟跳伞或高速赛车；而年长用户则可能更感兴趣于低风险、模拟真实度高的活动，如虚拟高尔夫或钓鱼。

（二）技术选型与应用

在开发虚拟沉浸式体育旅游创新产品的过程中，采用合适的技术是确保产品成功和优化用户体验的关键因素。这类产品依托于多种先进技术的综合应用，旨在为用户提供一种尽可能真实的虚拟体育体验。以下详细介绍几种核心技术及其在虚拟体育旅游中的具体应用。

第一，VR 技术。VR 技术是构建完全沉浸式体验的基石。通过使用头戴式显示器，VR 技术能够完全隔离外部世界，将用户带入一个虚拟的环境中。这种技术在视觉和听觉上提供了极高的沉浸感，是重现复杂体育活动，如滑雪下坡、潜水探险等场景的理想选择。

第二，AR 技术。AR 技术通过在用户的实际视野中添加虚拟元素，加强现实世界与虚拟内容的交互。这种技术尤其适用于需要在现实环境中增添虚拟交互元素的体育活动，如虚拟高尔夫球或街头篮球游戏，可提升用户的参与感和互动体验。

第三，动感平台技术。动感平台技术能够模拟真实的物理运动感觉，为虚拟体育活动增添重要的触觉维度。例如，在虚拟滑雪或自行车竞速中，动感平台能够根据虚拟环境中的地形变化调整平台的倾斜和震动，模拟真实的运动感受。

第四，环境模拟技术。环境模拟技术通过风机、温度控制和气味发生器等设备，再现特定体育活动的自然环境。这些设备能够模拟从轻微的海风到强风暴的气流，从寒冷的雪地到炎热的沙滩的温度，甚至是特定环境的气味，如森林的清新或海水的咸湿，从而极大地增强体验的真实性和丰富性。

综合运用以上技术，虚拟沉浸式体育旅游创新产品能够在一个安全、可控制的环境中为用户提供高度真实和刺激的体育体验。这不仅吸引了体育爱好者，也为寻求新奇体验的旅游者提供了全新的旅游形式。随着这些技术的不断发展和完善，未来虚拟沉浸式体育旅游创新产品将继续在全球市场中展现其巨大的潜力和吸引力。

（三）用户体验设计

在虚拟沉浸式体育旅游创新产品的开发中，用户体验的设计至关重要，直接决定着产品的吸引力和市场的成功率。为了创造出符合用户期望的高质量体验，设计团队必须在多个层面进行细致的规划和实施，包括界面设计、多感官交互和情境逼真度等重要方面。

1. 界面设计

界面设计在虚拟沉浸式体育旅游创新产品设计中扮演着至关重要的角色，直接影响着用户的初步印象和整体体验的质量。一个直观且易于使用的界面可以极大地提高用户的满意度，使他们能够轻松地导航并享受虚拟体验。首先，界面要提供清晰、直观的指引，让用户能够无障碍地访问各种体育活动选项，包括使用明确的标签、图标和菜单，以及确保所有的导航元素都易于理解和操作。此外，设计师应该简化操作流程，减少用户点击的次数，让用户快速进入体验而不被复杂的步骤所困扰。其次，为了提高用户的沉浸感，界面的视觉设计必须与虚拟体验的主题和内容保持一致。这意味着使用与体育活动相匹配的色彩方案、图形和动画效果，以及适合的字体和布局风格。例如，在一个模拟潜水的应用中，界面采用深蓝色调和波浪形的设计元素，可以反映水下环境的美感和宁静。

2. 多感官交互

为了提高用户的沉浸感，设计团队需融合多感官交互技术。这意味着除了传统的视觉和听觉外，还应包括触觉和嗅觉等感官元素。例如，在虚拟滑雪体验中，除了视觉上的雪山环境和听觉上的风声外，设计师还可以通过动感平台模拟滑雪时的运动感，以及通过气味发生器模拟冷空气中的松木味，为用户提供更全面和真实的体验。

3. 情境逼真度

情境逼真度是评估虚拟体育旅游产品成功的另一个关键标准。这需要高质量的图像和音效支持，以及精确的物理仿真来确保虚拟世界的每一个细节都尽可能接近现实。技术团队需要利用最新的图形渲染技术和声音处理技术，确保从细腻的纹理到动态的光影效果每一个元素都能够精准地复现体育活动的环境和氛围。

通过这些综合设计措施，虚拟沉浸式体育旅游创新产品可以提供一种真实感十足的体育体验，不仅满足了用户对体育旅游的新奇追求，也极大地提升了用户的满意度和忠诚度。随着技术的不断进步和市场需求的日益增长，对用户体验的持续优化将使得虚拟体育旅游产品在激烈的市场竞争中脱颖而出，成为未来体育旅游行业一个重要的发展方向。

（四）安全与隐私

在设计虚拟体育旅游产品的过程中，确保用户的安全和隐私是至关重要的考虑因素。这不仅涉及物理安全的保障，也包括数据安全和个人信息保护。随着技术的发展和应用范围的扩大，如何保护用户的安全和隐私成为开发者必须严肃对待的问题。

首先，从物理安全角度来看，所有的设备，包括头戴式显示器、动感平台以及其他感应设备，都必须遵守国际安全标准，包括设备的耐用度、紧急停止机制的设置以及对用户可能遇到的风险进行充分的测试和认证。这些措施要确保设备在运行时能够保障用户的身体安全，避免由设备故障或设计缺陷导致的事故。

其次，数据安全和隐私保护是设计虚拟体育旅游产品时另一个不可忽视的方面。随着大数据和云计算技术的应用，用户的行为数据和个人信息越来越多地被收集和分析。因此，设计师必须采取强有力的措施保护这些信息不被未经授权的访问、使用或泄露。这包括加密技术的应用、安全的数据存储解决方案以及对用户数据访问进行严格的权限控制。

最后，产品设计还应包括用户隐私保护的明确政策和用户协议，明确告知用户哪些数据将被收集、数据将如何被使用以及如何被保护。同时，产品应提供用户对自己数据的控制权，如查看、修改和删除个人信息的选项。

通过综合考虑以上因素，虚拟沉浸式体育旅游创新产品的设计能够确保用户享受既安全又独一无二的体育体验。这种创新的产品设计不仅满足了用户对体育活动的独特需求，还提高了安全性，从而使产品在激烈的市场竞争中凸显其优势，并留下深刻的印象。这样的产品设计策略有助于产品脱颖而出，吸引用户的广泛关注和兴趣。

第八章　体育旅游市场细分与精准塑造

第一节 市场细分方法

市场细分这一概念由美国市场学家温德尔·史密斯（Wendell Smith）在 1956 年首次提出。市场细分的核心是根据消费者的不同特征，将整体市场划分为多个子市场。这一过程依赖于明确的市场细分标准，这些标准与市场细分的目的密切相关，为差异化营销提供了基础和前提。① 任何可能造成需求差异的内部因素和表现这些差异的外部因素均可用作市场细分的依据。② 通常，市场细分标准分为四种类型：人口统计特征、地理特征、心理特征及消费行为特征（图 8-1）。

图 8-1 市场细分标准的类型

① 王辉．实用的市场细分方法思考 [J]. 现代商贸工业，2016，37（23）：58-60.

② 单靖涵．试析市场细分与产品细化给企业带来的优势 [J]. 中国市场，2021（16）：113-114.

一、人口统计特征

人口统计特征对市场细分至关重要，因为它们反映了消费者需求的多样性。这些特征包括年龄、性别、家庭生命周期、收入水平、职业、教育程度等，通常这些数据容易获得和量化。于素梅在其研究中，以广东、北京、黑龙江、内蒙古、四川和河南等地的20 000名居民为样本，通过分析这些人口统计数据，如性别、年龄、职业、学历、居住地和家庭收入，探讨了体育旅游消费者的特点。[①]利用人口统计数据进行市场细分成本较低，操作简便，能迅速揭示细分市场的基本特征。然而，这种方法的缺点在于其解释和预测能力较弱。即使是人口统计特征相似的消费者群体，也可能因个人的生活方式差异而对体育旅游产品的态度、购买行为和偏好表现出不同，对市场推广策略的反应也不同。

二、地理特征

地理细分是一种常见的市场划分策略，它依据消费者的居住或消费地点的地理位置区分市场。这种细分方法因其稳定和易于识别的特点，成为许多企业的首选标准。在地理特征中，可以考虑的因素有所在区域、地形类型、气候条件、城镇规模以及交通状况等。

地理环境对消费者行为有着直接影响。例如，某一区域的气候和地形会影响当地居民的生活方式和消费习惯，进而影响他们对特定产品或服务的需求。张杰在研究中指出，体育消费受地理因素的影响显著。他将体育旅游目的地划分为多水域地带、山区、高原以及寒冷地带，探究了这些地区独特的地理条件是如何促进体育活动的发展和相关消费的增

① 于素梅.我国不同群体参与体育旅游的动机调查与分析[J].广州体育学院学报，2007，27（4）：20-22.

加的。[①]通过地理细分，市场营销人员可以更准确地定位产品和制定营销策略，以适应不同地区的特定需求。这种方法的直接性和操作便利性使其成为一个有效的市场划分工具。然而，这种方法也存在局限性。仅凭地理特征进行市场细分可能会忽视同一地理区域内部的消费者差异。例如，尽管新加坡和越南都位于东南亚，但两者在体育旅游市场上的需求和偏好有很大不同。

三、心理特征

心理细分是基于消费者内在的心理属性，如价值观、生活方式、个性特质及态度等因素进行市场划分的一种方法。这种细分方法可以帮助企业深入了解消费者的内在驱动力，从而设计出更加符合其期望和需求的产品和服务。马斯洛（Abraham H. Maslow）的需求层次理论提出，人们的需求从基本的生理需求到自我实现需求分为多个层级。这一理论为心理细分提供了理论基础，因为不同的消费者在不同的生活阶段会有不同的需求优先级，这直接影响着他们的消费行为和选择。例如，在体育旅游领域，参与者的动机各异：一些人参加体育活动可能是为了增强体质，一些人可能是为了与家人、朋友互动和娱乐，而另一些人则可能是为了追求个人技能的提升和心理挑战。将心理细分应用于市场策略，可以使企业更准确地定位目标市场，为不同消费群体量身定制产品。例如，针对寻求健康的消费者，企业可以强调体育旅游的健身功能；针对希望增进人际关系的群体，企业可以设计更多的团队互动项目；而针对追求技能提升的用户，企业则可以提供专业培训和高级课程。尽管心理细分为市场策略提供了深入的视角，但它面临的挑战也不容忽视。收集和分析消费者的心理特征需要复杂的调查工具和方法，这不仅成本较高，而且数据的可靠性会受到受访者当时的情绪状态或外界环境的变化的影响。

① 张杰．地理因素对体育消费的发展促进研究 [J]. 体育风尚，2018（9）：294.

因此，虽然心理细分能提供丰富的资料，但它的稳定性和准确性可能低于其他细分方法，如人口统计或地理细分。

四、消费行为特征

消费行为细分通过分析消费者在购买和使用产品或服务时表现出来的具体行为模式进行市场划分，包括评估消费频率、购买场景、使用时长、消费金额和品牌忠诚度等多种维度。这种细分方法能够为企业提供清晰的视角，以识别不同消费群体的购买习惯、经济价值以及市场的发展潜力，从而使企业能够精确定位目标市场，制定更加个性化的产品和营销策略。与基于心理特征的细分相比，消费行为细分的数据通常更客观且易于量化，这使得它与产品的实际使用和消费者的购买决策更直接相关。例如，通过分析消费者的购买频率和消费水平，企业可以确定哪些消费者是潜在的高价值客户，哪些消费者可能需要通过促销活动提升购买意愿。然而，虽然消费行为细分在理论上具有明显的优势，在实际操作中收集和处理相关数据却面临不少挑战。例如，依靠问卷调查收集数据时，参与者可能无法准确记忆自己的消费行为，如具体的消费金额或购买频率等。此外，直接从商家的销售记录中提取消费数据虽然精确度较高，但会涉及消费者隐私保护的问题，并且整合一个消费者在多个销售点的消费记录也颇具挑战性。

因此，尽管消费行为细分为市场营销提供了强大的工具，但企业在使用这种方法时必须考虑数据收集的方法和工具的选择，以确保数据的准确性和隐私安全。企业还需利用高级的数据分析技术整合和分析这些信息，以便在复杂多变的市场环境中做出更加明智的决策。

第二节 体育旅游市场细分

在体育旅游市场细分领域，研究者常常利用消费者的心理特征和行为特征作为重要的分类依据。多种方法被应用于此类研究，以深入探索和理解不同消费者群体的特定需求和偏好。其中，聚类分析法因其广泛的适用性而被频繁使用，而经验分类和潜类别分析等技术也被部分学者采纳以获得更细致的市场洞察。[①] 选择适当的细分标准不仅需与研究目的紧密相关，还要考虑到数据的获取难易程度、准确性以及实际应用的价值。

一、心理特征

在体育旅游市场中，心理特征经常被用作细分的关键标准，主要涉及消费者的动机、生活方式、自我认知及偏好等方面。动机尤其是进行市场细分的一个重要因素，因为它直接与消费者参与体育旅游活动的原因相关。以亨根伯格（Hungenberg）等人的研究为例，他们通过分析体育旅游者的动机，将市场细分为三个不同的消费者群体：旅游导向型、体育旅游爱好者和体育导向型。体育旅游爱好者通常同时受到体育和旅游动机的影响，这使得他们更倾向于分享正面的体验；旅游导向型消费者主要被目的地的魅力吸引，往往在目的地逗留时间较长；而体育导向型消费者的出行主要是为了满足对某项运动的热爱，如提高技能等。类似地，纳吉（Nagy）等的研究则进一步细化了这种细分方法。他们在研究水上运动的体育旅游市场时，识别出了四种不同的消费者类型：体育

① 王立冬，李旺，周子琳，等.体育旅游市场细分研究进展 [J]. 体育科技文献通报，2021，29（8）：14-19.

导向型、非休闲型、休闲导向型及社交导向型。每种类型的消费者都有独特的需求和偏好。例如，体育导向型消费者注重运动本身，非休闲型消费者更注重其他非运动相关的活动，而休闲导向型和社交导向型消费者则更看重旅游体验和社交机会。

在体育旅游领域，特别是水上运动旅游，市场细分通常基于参与者的动机进行。根据霍尔曼（Hallmann）、布鲁尔（Breuer）等人的研究，水上运动爱好者可以被分为“随意型”和“投入型”两个主要群体。对于投入型群体，参与体育活动是他们度假体验的核心部分；而随意型群体则对体育活动的关注较少，对于他们而言，体育活动并非旅行的主要吸引因素。

昌晶亮和余洪的研究则采用了以参赛动机为基础，将体育赛事旅游市场进一步细分为参赛运动员、体育商务旅游者、助威队伍或球迷以及一般体育观众四个不同的群体。每个群体都有其独特的需求和特点，从而对营销策略提出了具体的建议。例如，参赛运动员更关注比赛的技术和环境，而体育商务旅游者则更看重商务接待和网络建设的机会。①

这些细分策略不仅能够帮助企业更好地理解不同消费者群体的具体需求，还能够根据这些需求定制更有针对性的产品和服务，从而提高顾客满意度和市场竞争力。

二、行为特征

在体育旅游市场细分研究中，行为特征常被用作关键标准，特别是在分析特定活动如自行车旅游的消费者行为时。例如，费鲁奇（Ferrucci）等人的研究通过考虑自行车旅游者的训练频率、社交参与度、装备投资和总体支出等多个维度，将这一市场划分为五个独特的群体：

① 昌晶亮，余洪．我国赛事体育旅游市场细分及营销对策分析 [J]. 湖南城市学院学报（自然科学版），2009（1）：73-76.

节俭型、竞争型、炫耀型、社交型和体验型。节俭型旅游者通常是骑行新手，他们的训练强度较低，很少参与俱乐部活动，且在比赛、装备和旅行上的花费最少。与之相反，竞争型旅游者则频繁骑行，年度总骑行距离也远超其他类型，显示出极高的参与度和竞技倾向。炫耀型旅游者在装备和相关体育活动上花费巨大，尽管他们的训练强度并不突出。社交型旅游者则积极参与俱乐部和团队活动，他们通常是团队中年龄较大的成员，拥有较多的自行车。最后，体验型旅游者更注重通过骑行来享受旅游的乐趣，虽然他们的骑行频率和里程数较低，但在参与团队活动方面非常积极。另一个例子是毕奕萱的研究，该研究根据大学生的消费能力和旅游偏好将大学生旅游市场细分为六种类型：基本心理参与型、基本身体参与型、舒适心理参与型、舒适身体参与型、豪华心理参与型和豪华身体参与型。① 还有一些研究者结合了心理和行为特征，采用了多维度的方法进行市场细分。例如，杨玉杰在研究中考虑了黄山市体育旅游的人口特性、地理条件、消费者心理和行为模式等因素，对黄山市体育旅游市场进行了分类，并为每个细分市场制定了特定的营销策略。②

第三节　体育旅游市场的塑造

市场培养是一个双向过程，涉及供给和需求两个关键方面。对于体育旅游市场而言，其发展初期尤其需要政府资助和公共投资来建设基础设施和提升服务质量，包括加强体育设施的建设，投资于专业人才的教育和培训，并支持企业创造具有吸引力的体育旅游产品，从而确保

---

① 毕奕萱．大学生体育旅游市场细分及产品开发对策研究 [J]．漫旅，2021，8（13）：41-43.

② 杨玉杰．黄山市体育旅游市场细分与营销策略 [J]．冰雪运动，2015（5）：75-78，88.

市场的供给能够满足旅游者的需求。同时，为了激发消费者的兴趣和购买意愿，企业还必须针对目标市场的具体需求，采取有效的市场营销和消费者引导策略，包括通过营销活动提升消费者对体育旅游的认知，以及通过促销策略和优质服务增强他们的消费动机。具体而言，体育旅游市场的培养可以从公共服务、人才培养以及营销宣传三个方面进行（图8–2）。

图 8–2 体育旅游市场的培养

一、公共服务

公共体育服务设施的建设和维护对提升国民体育活动参与度具有至关重要的作用。近期，中国政府在体育基础设施方面的投入显著增加，目标是通过增加设施的数量和提高其质量鼓励更多公众参与体育活动。根据国家体育总局的数据，到 2021 年，全国的体育场地总数达到 397.14 万个，总面积达到 34.11 亿平方米，人均体育场地面积达到 2.41 平方米。社区体育设施和行政村的体育设施覆盖率都已达到或超过 90%，其中行政村的覆盖率超过 96%。此外，为了使更多市民能够享受到体育设施带来的益处，中央政府还投入了近 47 亿元人民币用于公共体育场馆的运营补贴，使得这些场馆可以向公众免费或低成本开放。这一政策每年惠及大约 2 亿人次，使其可以更便捷地参与各类体育活动。在众多类型的运动场地中，篮球场是数量最多的，其次是全民健身路径和乒乓球场。

随着 2022 年北京冬奥会的成功举办，国内对冰雪运动的兴趣急剧上升，这为冰雪体育旅游的发展创造了有利条件。统计显示，全国已有冰雪运动场地 2 261 个，其中滑冰场地为 1 450 个，滑雪场地为 811 个。冰雪运动场地的显著增加预示着国内冰雪体育旅游市场的蓬勃发展。

二、人才培养

在体育旅游行业中，专业人才的培养是确保行业高质量发展的核心要素。为了全面开发体育旅游资源，企业不仅需要配备懂得旅游、体育及管理等多领域知识的复合型人才，也需要配备教练员、裁判员、安全员等专门技术人员。此外，赛事组织、宣传，休闲产品设计及市场营销等方面同样需要具备专业技能的人员，而技术密集型体育活动，如攀岩、滑雪、滑冰则更加依赖有资质的教练提供专业指导。培养这些所需人才的主要教育途径包括学校教育和在职培训两个方面。在高等教育层面，中国的 33 所体育专业院校是培养体育旅游和管理高层次人才的基地，这些院校开设了运动训练、社会体育指导与管理、休闲体育、冰雪运动、电子竞技运动与管理、运动康复等多个相关专业。新兴的体育旅游专业也已经在上海体育大学、首都体育学院、西安体育学院等多所高校中设立，以响应市场需求。

除了高校教育，实际工作中的在职培训也同样关键。这要求统一行业标准，确保认证过程的严格与质量，不断优化培训内容和方法以提高培训效果。例如，随着滑雪运动的普及，合格的滑雪教练变得尤为重要。在中国，滑雪教练需通过国家职业资格培训，获得社会体育指导员（滑雪）资格，而国际上则通常需获得国际滑雪指导员联盟（ISIA）的认证。此外，为了提升培训质量，国内滑雪培训机构还与美国、加拿大、日本、新西兰等国的滑雪学校进行了合作，引入了国际先进的滑雪培训体系。

这种双轨制教育模式不仅可以系统地提升体育旅游行业的专业水平，

还能确保行业人才队伍的持续补充，从而推动体育旅游业的持续健康发展。

三、营销宣传

在当今体育旅游领域，营销宣传需针对不同的消费者群体实施差异化的推广手段。有效的营销不仅需要广泛地传播信息，还需要深入理解不同消费者的需求和偏好，以提供有针对性的服务和体验。以下是针对三类不同体验程度的消费者的细分营销策略。

对于那些初次接触体育旅游的潜在消费者，营销宣传的首要任务是通过他们常用的信息渠道引起其注意。这可以通过新闻报道、电视节目、社交媒体的热门话题以及在线和离线广告等多种形式实现。初步的目标是提高这些产品的知名度，并激发潜在客户的兴趣。由于体育活动本质上是参与型的体验，仅靠文字和图片的传统广告往往难以完全传达活动的吸引力。因此，提供免费的体验课程或试玩机会，让消费者亲身体验，更有助于将他们转化为真正的参与者。消费者的初次体验质量将直接影响其是否正式参与，以及他们未来的消费决策。

对于那些已有体育旅游经历但参与频率不高的消费者，营销重点应放在解决他们面临的参与障碍上。这些可能的障碍包括价格高、旅行距离远、时间安排有冲突或缺少同行者等。针对这些问题，企业可以通过提供早鸟价格、多地点办赛、节假日特别活动安排以及团体优惠策略等吸引他们。例如，设置家庭或团体套餐，不仅降低了单个消费者的成本，也鼓励了社交层面的互动，从而提升了参与率和客户满意度。

对于经验丰富且频繁参与体育旅游的高端消费者，维护其忠诚度是营销的核心。这类消费者通常对服务质量有较高期待，因此提供高端定制服务和优质的客户关怀是必要的。企业可以考虑建立会员组织或实施忠诚度计划，通过这些平台为他们提供定期更新的产品信息、专属优惠、参与特别活动的机会等。此外，确保他们在参与过程中获得优质的个性化服务和体验，如优先预订权、个性化旅行安排等，这些都是提高其忠诚度和进行口碑传播的有效策略。

第九章　体育旅游市场营销战略

第一节　市场营销战略与体育旅游市场营销战略

一、市场营销战略

“战略”这个词最初源自军事术语，用于描述对战争全面布局和指挥的方法。如今，这一概念已被广泛应用于商业管理领域，特别是在定义企业的长远发展计划方面。多位国际学者对企业战略进行了深入阐述，形成了多样化的理解。迈克尔·波特（Michael Porter）将企业战略视为企业追求其长期目标时所采取的复合方法和策略的总和。他认为，战略不仅是目标的设定，还重视实现这些目标的实际途径。伊戈尔·安索夫（Igor Ansoff）则从企业运作的连贯性出发，定义企业战略为连接公司运营、产品和市场的关键纽带，认为战略是穿透企业全方位活动的核心线索。菲利普·科特勒（Philip Kotler）则更侧重于战略规划的全面性，他将企业战略描述为一个全局的、综合性的计划，关注企业如何在不断变化的环境中捕捉和利用机会。国内的学者对企业战略也有深刻的见解，普遍认为企业战略是关于企业如何达成其使命和目标的全面布局。这种规划不仅关乎企业的生存和发展，而且决定了企业未来的经营方向和市场竞争地位。更具体地，企业战略是实现具体业务目标的行动方案。这些方案具有全局性、长远性和指导性，不仅能预见市场动向，还能为企业制定有效应对市场变动的策略。整体而言，企业战略的核心在于将公司的目标与市场机会相结合，确保企业在市场的波动中保持竞争力，并实现长期发展。这需要企业不断地对外部市场环境进行监控和分析，同时企业内部要灵活调整战略以适应外部变化。综合国内外的定义和理解，尽管表述各异，但归根结底，企业战略都是为了帮助企业以更有效的方式实现增长和成功的总体规划。这种规划涵盖了从市场定位到产品发展，再到资源配置和竞争对策的各个方面，是企业持续成功的基石。

市场营销战略作为企业战略的一个关键部分，扮演着构筑企业竞争优势的重要角色。它是企业在总体战略框架内，针对市场环境的变化和企业自身条件的发展而进行的综合性和前瞻性的市场活动规划。此战略不仅需要考虑客户需求，还需要分析竞争对手的策略，并评估企业自身的资源和能力，从而形成一份协调一致的市场操作计划。具体来说，市场营销战略关注企业在已确定的业务领域内，如何通过市场营销部门的努力实现企业战略设定的目标和任务。这包括增长策略的确定、产品投资组合的优化以及对外部市场机会的分析评估。通过这一过程，企业能够确定哪些市场机会符合其长期发展目标，并根据自身资源的配置情况制定相应的市场行动策略。在实施市场营销战略时，企业需详细考虑三个关键维度：顾客、竞争者和企业自身（简称“3C”）。首先，企业需要深入了解顾客的需求和偏好，以确保提供的产品和服务能够满足市场需求。其次，对竞争者的分析能帮助企业识别竞争格局及潜在威胁，从而有效地制定竞争对策。最后，企业还必须评估自身的资源和能力，以确保市场战略的可行性和实施的成功率。

二、体育旅游市场营销战略

在全球化浪潮的影响下，体育旅游产业的国际化步伐显著加快。多个国际体育企业，如健身娱乐、竞技表演及体育经纪等领域的巨头纷纷进入国内市场，这对国内尚处于发展阶段的体育旅游企业构成了强大的竞争压力。同时，随着国内体育旅游产业的蓬勃发展，众多新兴的体育旅游企业快速崛起，市场竞争日趋激烈。在这种背景下，国内体育旅游企业若想在市场竞争中突围而出，必须精心制定并实施科学的市场营销战略。

体育旅游市场营销战略，是在企业整体战略指导下，营销部门根据市场和内部条件的综合分析，所制订的全面和长期的市场行动计划。这一战略计划基于市场营销的基本理论构建，对体育旅游企业的市场定位和未来发展具有重要意义。制定体育旅游市场营销战略至关重要，主要体现在以下几个方面：第一，它能启发企业发掘新产品和新市场的机会。通过系统的市场分析，企业可以识别并评估潜在的产品创新或市场扩展机会，从而保持业务的持续增长。第二，体育旅游市场营销战略有助于企业评估各种市场机会并决定哪些值得投入资源。通过对市场机会的详细分析，企业能够明确自身是否具备足够的能力利用这些机会，以确保资源投入的有效性和战略实施的可行性。第三，此战略促使企业为每一个新的市场机会制订详细的营销计划，不仅包括市场进入策略，还包括产品的持续开发和客户服务的优化，以适应市场变化和消费者需求。第四，市场营销战略将直接指导产品、价格、分销和促销等营销组合策略的制定。这些策略的有效组合是实现市场目标和增强市场竞争力的关键。第五，体育旅游市场营销战略可方便企业及时掌握和监督市场活动的执行情况，随时调整策略以应对市场变化，从而确保各项营销活动能够按计划进行。

第二节　体育旅游市场营销战略规划的制定

体育旅游市场营销战略规划的制定是一项系统工程，涉及以下四个关键步骤。

一、明确体育旅游市场主体的使命

在制定体育旅游市场营销战略时，明确市场主体的使命是基本前提。这一点不仅适用于体育旅游企业，同样适用于体育社会组织、赛事组织委员会以及各种体育队伍等。市场主体的使命反映了其目标、任务和本质属性。为了有效界定这一使命，体育旅游市场主体需回答以下几个核心问题：它们的主要业务范围是什么，目标客户群体有哪些，这些客户的主要需求是什么，未来的业务发展方向将如何。第一，体育旅游市场主体需要明确自己的主要业务。这可能是单一业务，如商业健身俱乐部专注于提供健身服务；也可能是多元业务，如综合体育旅游企业同时提供健身产品销售、场馆租赁和体育培训等。对于体育赛事组织委员会而言，其业务不仅限于门票销售，还涉及赞助权、电视转播权和特许商品销售等多个方面。第二，确定目标客户是核心任务之一。不同的体育旅游市场主体针对的客户群体不同。例如，体育赛事的组织者不仅需要关注观众，还需要考虑媒体、赞助商等商业客户。商业健身俱乐部则主要针对社会地位较高的中青年群体。了解这些目标客户群体，有助于更精确地调整市场营销策略。第三，体育旅游市场主体需考虑客户的核心需求，并围绕这些需求提供服务。例如，健身俱乐部客户期望获得专业的健身指导和享用舒适的锻炼环境；赞助商投资体育赛事期望获得明确的商业回报；而观众购买赛事门票则期望观看到高水平的比赛表现。满足这些需求不仅可以提升客户满意度，也能增强市场主体的竞争力。第四，面对未来的市场变化和技术发展，体育旅游市场主体，特别是体育旅游企业，需要不断探索和调整其业务模式。例如，体育健身企业需要考虑如何结合互联网技术拓展新的服务平台；体育场馆应根据市场需求变化调整或扩展其服务项目；体育赛事组织者则需要思考如何更好地利用赛事的无形资产增值。

通过上述步骤，体育旅游市场主体可以制定一套符合市场需求、内部资源和未来趋势的全面市场营销战略。这种战略不仅可以促进体育市场主体的稳健发展，也为其在竞争激烈的市场中稳定立足提供了坚实基础。

体育旅游市场主体必须综合考虑多个关键因素，以确保战略的有效性和实现的可能性。首先要考虑的是体育组织的历史背景和文化传统，特别是对于体育赛事组织和职业体育俱乐部来说，这些因素极大地影响着它们的品牌形象和组织身份。其次，市场主体的领导层偏好也起着决定性作用，因为不同的管理者和所有者根据自己的价值观和市场理解，会有不同的战略取向。此外，体育旅游市场主体运作的宏观环境，包括经济发展水平、政府政策以及市场状况等，都直接塑造了其发展的外部条件。例如，随着全民健身成为国家战略，体育健身行业面临的发展机遇前所未有地增多，这为相关市场主体提供了扩展业务的可能。资源状况也是不可忽视的因素，资源丰富的组织能够在更广的市场中进行多层次的拓展，而资源受限的组织则需要聚焦其核心业务。核心能力和竞争优势是市场主体赢得竞争的关键，包括专有技术、特许经营权、品牌忠诚度等，这些都是帮助其在竞争激烈的市场中脱颖而出的重要资产。体育旅游市场主体需明确自己的业务领域、主要政策及远景规划。这些内容不仅指导着组织的日常运作，也为其长远发展定下了基调。

企业使命应涵盖以下三个核心要素：企业活动领域、企业主要政策、企业远景及发展方向。体育旅游市场主体在明确自己的使命时，也需要对这些要素给予充分考虑。

二、建立战略业务单位

美国学者阿贝尔（Abell）提出，企业的业务可以通过三个关键维度进行界定：首先是识别企业服务的顾客群体，这涉及确定目标市场的性质；其次是定义企业需要满足的顾客需求；最后是选择合适的技术和方法满足这些需求，包括产品类型和服务方式的确定。为了有效地从战略层面管理这些业务，企业需要将其业务根据性质分类并组织成不同的战略业务单位。战略业务单位（SBU）的构成基于业务之间的共同经营主线，如产品或市场的关联性。这种划分允许企业为每个单位制订专门的战略和营销计划。例如，一个大型的体育俱乐部会将羽毛球、游泳和跆拳道等项目分别视为独立的战略业务单位，因为这些项目虽属于同一俱乐部，但面临的市场条件和竞争对手各不相同。每个战略业务单位都应该是一组独立或相关联的业务集合，可以单独进行战略规划和市场营销策略的制定。此外，每个单位都有自己的竞争对手，并需针对这些竞争对手制定策略。重要的是，每个单位都应该有指定的管理者，负责制定战略、监督业绩，并控制对战略执行至关重要的资源。例如，在体育俱乐部案例中，每个运动项目的负责人都应负责制定和执行针对其特定市场的战略，并管理分配给他们的资源，以确保各项业务能够独立并有效运作。

确定体育旅游市场主体的使命是实现其发展目标的前提。在这一基础上，进行业务的详细分类并根据其特性成立相应的战略业务单位，是推动市场营销活动有效进行的重要步骤。对于业务较为集中的小规模体育旅游市场主体，如单一运动馆或小型健身中心，通常只需设立一个战略业务单位。然而，为了促进业务增长和市场拓展，即使是这些小型实体也应考虑划分至少两个战略业务单位，如区分为个人客户服务部门和团体客户服务部门，或者创设业务发展部以寻求与其他机构的合作。在更复杂的组织如体育赛事组委会中，可能需要设置多个专门部门以处理不同的商业活动，包括门票销售、赞助关系和媒体合作等。这样的分工可以帮助其精确把握各个方面的专业需求和市场机会。体育经纪公司也应根据其服务的对象，如运动员、运动队或体育赛事，设立专门的部门，确保每一个经纪领域都能获得专注和有效的资源支持。同样，一个大型的商业健身俱乐部也可以通过设立会员管理部、私人教练服务部和战略合作部等，优化客户服务和业务拓展策略。这种结构设计不仅有助于明确各部门的职责和目标，也使得整体业务运营更为高效，从而在竞争激烈的市场环境中保持竞争力。

在构建战略业务单位时，体育旅游市场主体需关注以下几个核心原则以确保有效性。首先，决策应基于市场和顾客需求，而非单纯依赖产品技术。这意味着了解并满足市场的具体需求是组织战略业务单位时的首要考虑因素。其次，建立的战略业务单位应保持实用且专注，以免业务范围过于广泛而导致核心业务不明确。理想的做法是围绕单一产品或服务构建每个单位，确保所有业务活动都围绕市场主体的主要竞争优势进行。这样可以更有效地集中资源，提高竞争力。这两个原则将指导体育旅游市场主体更精准地定位其战略业务单位，从而在竞争中占据优势。

三、规划业务投资组合

规划业务投资组合有多种模型方法，其中波士顿矩阵（BCG Matrix）是较为常用的一种工具，通用电气公司模型则是其进一步演化的版本。针对体育旅游市场主体的需求，本书将重点介绍波士顿矩阵（图 9–1）。该矩阵由美国的波士顿咨询公司提出，旨在帮助企业通过“市场增长率 – 相对市场占有率矩阵”有效分析各个战略业务单位的表现。该矩阵将企业的业务单位划分为明星类、问号类、现金牛类和瘦狗类四类，通过评估各单位的市场增长率和相对市场占有率来确定它们的战略位置和资源分配策略。

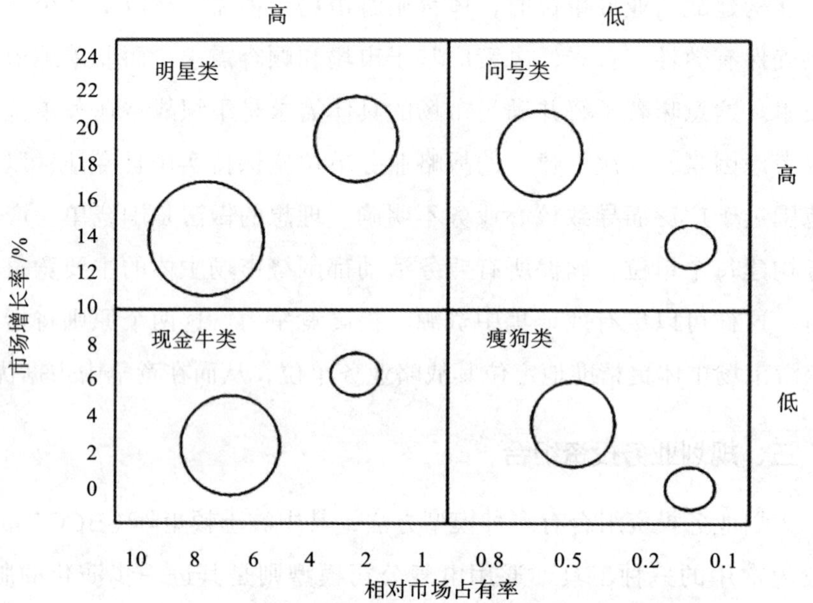

图 9-1 波士顿矩阵

波士顿矩阵通过分析企业内各战略业务单位的市场表现帮助企业做出战略决策。在此矩阵中，纵轴衡量的是市场增长率，这一指标显示了企业在某一特定时间内（通常按年计算）销售业绩的增长百分比。市场增长率分为两个级别，即 10% 的划分线：超过 10% 的被视为高增长市场，而低于 10% 的则被视为低增长市场。横轴则表示的是相对市场占有率，这一比率计算的是企业在特定业务单位的市场占有率与其主要竞争对手的市场占有率之比。如果一个业务单位的相对市场占有率是 0.5，则表示其市场份额是主要竞争者的一半；如果是 2，则说明它的市场份额是竞争对手的两倍，属于市场领导者。这一指标以 1 为中点，高于 1 表示市场占有率高，低于 1 则相反。矩阵中的圆圈代表企业的各个战略业务单位，圆圈所处的位置揭示了该单位的市场增长率和市场占有率的具体情况，而圆圈的大小则反映了该单位的销售额规模。

波士顿矩阵将企业的业务单位分为四种不同类型，以帮助管理层做出更有效的战略决策。这些类型基于各业务单位的市场增长率和相对市场占有率。首先是“问号”业务，这些业务单位的特征为市场增长率高但相对市场占有率低。这种情况下的业务具有潜在的成长可能，但由于市场地位不强，其未来仍不确定，因此需要企业进行深入分析和审慎投资决策。其次是“明星”业务，这些业务单位在市场上的表现极为出色，具有市场增长率高和相对市场占有率高的特点。它们通常位于市场的增长阶段，需要企业持续投入大量资源以维持其领先地位和支持进一步扩张。再次是“现金牛”业务，这些业务单位的市场增长率虽低，但相对市场占有率高。这类业务往往已从高速增长的明星类转变而来，由于市场成熟，不再需要大量资金投入，因此能稳定地为企业带来丰厚的现金流。最后是“瘦狗”业务，这些业务单位在市场上的表现较差，市场增长率和相对市场占有率都很低。这类业务往往面临着衰退，难以为企业带来利润，甚至可能导致亏损。通过这种分类，企业可以清晰地看到各业务单位的当前状态和未来发展潜力，从而做出有针对性的战略调整，优化资源配置，提高整体效益。

在完成对各战略业务单位的细致评估之后，企业需要制订有针对性的业务策略计划，以决定对不同单位的资源配置和其战略方向。通常，企业可采取以下几种战略行动：首先，对于“问号”业务，企业需要实施发展战略，这通常涉及牺牲短期收益以提升市场份额，目的是将这些业务单位转变为“明星”业务。这包括加大促销和市场投入力度，以提高其市场表现。对于“明星”业务，重点应放在持续增长上，这类业务单位已展现出高市场占有率和强大的市场增长潜力，企业应继续投入必要资源以保持其市场领导地位和盈利能力。“现金牛”业务则需要采取维持战略，尤其是对于那些盈利能力强且市场稳定的单位。企业的目标是保持现有的市场占有率，通过优化运营效率使现金流的稳定输入最大化。

最后，对于表现不佳的“瘦狗”或未能实现预期增长的“问号”业务，企业需要考虑收割或放弃策略。收割策略旨在使短期收益最大化，减少未来投资；而放弃策略则涉及撤出市场，清理存货并将资源重新分配到更有利的业务单位。通过这样的策略分类，体育旅游市场主体可以更精准地对各个业务单位实施管理，确保资源的有效分配和优化使用。每个策略的选择都应基于对市场环境、业务潜力和公司长远目标的深入分析，以确保每一步行动都符合公司的整体发展战略。

四、规划成长战略

体育旅游市场主体在进行现有战略业务单位的规划时，应同时考虑基于自身资源和市场动态开展新业务的可能性。为实现成长，体育旅游市场主体可采用以下三种成长战略选项。

（一）密集型成长战略

密集型成长战略使体育旅游市场主体能够在其已有业务范围内寻求新的增长机会。此策略主要通过以下三种方式实施：首先，市场渗透战略，其目标是增加当前体育旅游产品的市场销售量。其次，市场开发战略，这涉及将现有的体育旅游产品引入未曾涉足的新市场领域。例如，一个主要服务于成年人的健身俱乐部会尝试吸引老年人或青少年作为新客户群体。最后，产品开发战略，这要求在原有市场基础上创新和改进产品，或者开发全新的产品来满足消费者的不同需求。例如，赛事组委会推出新的赞助合作模式，体育培训机构增设更多样化的培训课程，体育场馆推出更多元化的租赁服务。通过这三种策略，体育旅游市场主体可以在保持现有市场优势的同时，探索新的增长路径，增强市场竞争力。

（二）一体化成长战略

一体化成长战略旨在通过建立或并购与当前业务相关的企业来扩展

体育旅游市场主体的业务范围。这种策略通常分为三种类型：后向一体化、前向一体化和水平一体化。后向一体化涉及并购或合并供应商以控制供应链，实现从生产到供应的无缝对接。这样可以降低成本并提高运营效率。而前向一体化则是通过收购或合并分销商，以直接控制销售渠道，确保产品的市场分销更为高效、直接。对于体育旅游市场主体而言，水平一体化是最常见的策略。这包括收购或合并在同一行业内的其他企业，或者与它们进行合资运营。例如，体育培训机构可并购其他培训中心，商业健身俱乐部可兼并其他健身俱乐部，体育经纪公司则可选择并购同行业中的其他公司。这种策略不仅可以扩大业务规模，还能提高市场主体在竞争中的地位，通过整合同行业资源，提高整体市场份额。采用一体化战略，体育旅游市场主体能有效利用现有资源，优化业务结构，也能通过控制更多的供应链环节提升市场反应速度和服务质量，从而在体育旅游产业中获得更大的竞争优势。

（三）多样化成长战略

多样化成长战略旨在通过引入与现有业务领域不同的新业务来扩展体育旅游市场主体的业务范围。这种策略能够帮助企业进入新的市场或增加新的产品线，从而增强其市场竞争力和盈利能力。具体来说，多样化成长可以通过以下三种主要方式实施。首先是同心多样化，这种策略利用企业现有的技术和经验，开发与现有产品线相近的新产品。例如，一个商业健身俱乐部可在其现有健身服务的基础上，推出专门的运动康复项目，以此扩展其业务范围并吸引更多客户。其次是水平多样化，这涉及在原有市场上使用不同的技术或方法开发全新的产品。例如，专门为女性提供服务的健身俱乐部可新增瑜伽或普拉提课程，以丰富其课程种类并满足会员的多样化需求。最后是综合多样化，这种方式指开发完全脱离现有产品、技术和市场的全新业务。例如，一家健身俱乐部可策划并举办大型健身比赛，从而开辟新的体育赛事市场，并吸引一群全新的客户群体。

在决定采用多样化成长战略时，体育旅游市场主体需要仔细考虑多个因素，如行业发展趋势、当前市场状况、自身的资源和能力以及长远的发展目标。通过评估这些因素，企业可以更好地决定引入哪些新业务，并确定有效的实施策略，以确保新业务能够成功融入企业的总体发展框架。

第三节　体育旅游市场营销管理过程

市场营销管理过程涉及企业利用营销系统来识别、分析、挑选并把握市场机会，目的是完成企业的使命并达到既定目标。对于体育旅游市场而言，这一管理过程主要涵盖三个核心活动，即发现和评价市场营销机会、研究和选择目标市场及市场营销管理。

一、发现和评价市场营销机会

市场营销机会是指市场中存在的未被充分满足的消费者需求，它定义了企业可以参与的经营活动和市场范围。发现和评价市场营销机会是体育旅游市场营销的首要任务，具体包括以下步骤。

（一）分析环境机会

在现代体育旅游市场中，市场主体必须精准把握和分析不断变化的营销环境以便捕捉新的商机。这一过程包括多个关键方面的考量。第一，观察西方发达国家的体育旅游产业发展可以提供重要的启示。这些国家体育旅游产业的成熟经验和现状为本地市场主体指明了可能的发展方向和潜在的市场机会。例如，从西方市场中可以学习到先进的体育旅游营销策略和产品创新方法。第二，国内体育旅游产业政策也是一个重要的参考点。例如，政府推行的全民健身战略为体育健身产业带来了广阔的发展空间。同时，体育赛事资源的社会化不仅扩大了体育竞赛表演业的市场潜力，也为相关业务提供了新的营销机会。第三，对体育旅游市场环境的细致分析也至关重要，包括了解当前国民的体育旅游价值观、消费理念以及体育旅游消费能力等。这些因素共同影响着市场需求的形成和发展趋势，为体育旅游市场主体提供了具体的市场定位和产品策略制定的基础。

（二）寻找、发现市场机会

在体育旅游市场中，持续地识别和预测未满足或未充分满足的需求是关键的市场机会发掘过程。体育旅游市场总是充满变化，有效捕捉这些变动中的新需求便是挖掘市场机会的核心。发现这些机会的有效方法是进行体育旅游市场调研。进行市场调研可以帮助企业了解消费者对现有体育旅游产品和服务的看法，收集他们的反馈和建议。此外，进行市场调研还能揭示消费者可能的新需求和期望，这些都是潜在的市场机会。通过系统的调研，企业可以获得宝贵的数据和见解。这些信息支持企业在现有市场基础上创新或调整产品线，以更好地满足市场需求。因此，体育旅游市场主体应定期进行市场调研，使用科学的方法收集和分析数据，从而精确地定位市场需求。这不仅能帮助企业把握当前市场的动态，还能帮助企业预见未来发展趋势，从而制定有效的市场策略，确保在竞争中保持优势。

（三）评价与确定营销机会

区分市场机会与营销机会是体育旅游市场主体发展策略的关键部分。市场机会通常是指市场上存在的潜在需求，而营销机会则是指在这些需求中，企业能够利用自身优势并可实现利益最大化的那部分。简言之，营销机会是体育旅游市场主体能够并愿意把握的机会，且能够有效转化为实际营销行动的市场空间。为了充分利用这些机会，体育旅游市场主体需要对各种市场机会进行深入的分析和评价。这个过程包括考察哪些市场机会与企业的资源、能力和长期战略相匹配，以及哪些机会能够为企业带来竞争优势和独特的市场地位。企业在评估时应考虑的因素包括市场的大小、成长潜力、竞争状况、目标客户的需求以及企业的资源配置等。

二、研究和选择目标市场

（一）制定目标市场战略

制定目标市场战略是体育旅游市场主体进行市场营销活动的核心环节，主要包括两个关键过程：确定目标市场和市场定位。首先，确定目标市场涉及在对市场进行细分的基础上，选择一个或多个具体的细分市场作为服务的焦点。这一选择过程需要基于细致的市场研究和对目标消费者群体的深入了解。其次，市场定位是将企业的产品或服务在目标市场中设定一个明确的位置。这不仅关乎产品的特性和优势如何与消费者需求对接，还涉及如何通过有效的营销策略让产品在竞争中突出其独特性。无论是商业健身俱乐部、职业体育俱乐部、体育培训机构、体育场馆还是赛事组织委员会等，每一个体育旅游市场主体都必须依据自身的业务特点明确其目标市场，并进行精确的市场定位。这样做提高了市场营销的针对性和实效性，可确保营销资源得到有效的利用，从而在激烈的市场竞争中占据优势。

（二）构建营销组合

营销组合是由一系列营销工具组成的策略，用于帮助企业在目标市场上达成营销目的。这个概念最早在20世纪60年代由尼尔·博登

（Neil Borden）提出，并由杰罗姆·麦卡锡（Jerome McCarthy）进一步发展成广为人知的“4Ps”理论，即产品（product）、价格（price）、地点（place）和促销（promotion）。随着营销学的发展，这一理论也不断扩展，如在国际营销中增加了政治力量（political power）和公共关系（public relations）形成“6Ps”；服务营销中则加入了人员（people）、有形证据（physical evidence）和流程（process）变为“7Ps”。

20 世纪 90 年代以后，随着市场环境的变化，传统的 4Ps 理论被认为需要从新的视角整合，由此产生了 4C 营销理念。这种新的理念强调从消费者的需求出发，包括消费者需求和欲望（consumers）、成本（cost）、方便性（convenience）和沟通（communication）。4C 理念主张企业在制定营销策略时，应更多地考虑消费者的视角，而不是仅从企业的角度出发。在体育旅游市场营销中，应用这些模型需要灵活且具有创造性。体育旅游市场主体在构建其市场营销组合时，不仅可以利用传统的 4Ps 来确定产品战略、定价策略、分销渠道和促销活动，还应融入 4C 理念，深入理解消费者的实际需求和消费习惯，确保营销活动能够更好地解决消费者的痛点，提供更大的方便，并通过有效沟通建立持久的消费者关系。因此，体育旅游市场主体在制定营销策略时，应该结合 4Ps 的实用框架和 4C 的消费者导向思维，兼顾企业和消费者的需求，以形成一个既科学又合理的营销组合。

三、市场营销管理

参照市场营销管理，对体育旅游市场营销活动的管理需要做好三个方面的工作，即制订计划、执行计划与控制计划。

（一）制订计划

在制订体育旅游市场营销计划时，企业应综合考虑多个关键方面，以确保策略的全面性和执行的有效性。以下是体育旅游市场营销计划应包含的主要内容。

1. 计划概要

市场营销计划的开头应简明扼要地概述主要的营销目标和策略。这一部分应明确计划的核心焦点，提供一个总览，帮助理解计划的主旨和方向。

2. 当前营销环境

体育旅游市场营销计划应详细描述体育旅游市场主体当前所处的外部环境，包括市场的总体状况、消费者的偏好变化、竞争对手的态势以及宏观经济和社会发展趋势。这一部分的目的是为营销决策提供实时且具体的背景信息。

3. 机会与威胁分析

体育旅游市场营销计划应综合分析市场中存在的机会和潜在威胁，包括对市场趋势的观察、潜在市场的开拓可能性以及外部环境变化对营销策略可能产生的影响。准确的机会和威胁分析可以帮助企业优化战略布局。

4. 营销目标设定

体育旅游市场营销计划应具体阐述在计划期内企业希望实现的营销目标，并进行量化。为每个目标制定明确的行动方案，这些目标应具体、可测量、可实现、相关性强并具有时效性。

5. 营销战略

体育旅游市场营销计划应概括说明目标市场的定位、产品的市场定位、营销组合的策略安排，以及新产品开发和市场研究的计划。这一部分应详细描述如何通过具体的市场行动支持业务目标的实现。

6. 行动计划

体育旅游市场营销计划应详细列出实施营销战略所需的具体步骤，

包括责任人、时间表、所需资源和预期的完成时间。清晰的行动计划有助于团队成员理解各自的责任和期望，确保营销活动的顺利进行。

7. 预算编制

企业应根据前述行动计划制定详细的预算，包括预计的收入和支出。通过对预算的严格控制和监测，企业可以有效管理成本，提高资源使用效率。

8. 执行与监控

企业应设立监控机制以跟踪营销计划的实施情况。通过定期的进度评估和预算复审，企业应及时调整策略，确保营销目标的达成。监控措施应具体到季度甚至月度，以便企业快速响应市场变化。

这一系列步骤的合理规划和执行将为体育旅游市场主体提供一个结构化和系统化的营销方向，从而在竞争激烈的市场中保持优势。

（二）执行计划

虽然制订体育旅游市场营销计划是初步步骤，但实际执行这些计划才是确保成功的关键。为了有效实施体育旅游市场营销计划，体育旅游市场主体需要专注于三个核心方面的优化和结构化。首先，创建一个专门的市场营销组织至关重要。这个组织负责日常的市场营销活动和计划的具体执行，需要通过建立健全的内部制度来保证团队成员之间的沟通顺畅和协作紧密。良好的组织结构能够确保各营销活动协调一致，以及团队成员之间有效合作，共同推动营销目标的实现。其次，实施目标责任制是确保计划顺利进行的另一关键策略。具体来说，这涉及将各项营销任务明确分配给责任人，并设置清晰的完成时限。这样可以确保每个团队成员都清楚自己的责任和所承担的任务，从而提高执行效率和责任感。最后，市场营销团队不应孤立运作，而需要与体育旅游市场主体内的其他职能部门进行紧密合作。这种跨部门的协同工作有助于资源的整合使用，确保市场营销计划与组织的整体战略相一致，并且能够更好地适应市场变化和客户需求。通过这些结构化的努力，体育旅游市场主体不仅能够确保营销计划的有效实施，还能在竞争激烈的市场中保持灵活性和竞争力，最终实现营销目标并推动业务发展。这一系列措施将构成一个完整的执行框架，支撑体育旅游市场营销活动的成功。

（三）控制计划

体育旅游市场营销计划的有效执行，关键在于实施严格的控制计划。控制计划可确保营销活动的实际成效与预定目标保持一致，并且允许及时调整以应对市场变化。以下是体育旅游市场营销控制计划的四个核心步骤，旨在优化执行效果并确保战略目标的达成。

1. 目标分解

企业需要将年度营销目标细化为月度和季度目标。这一过程可帮助营销团队将大目标具体化，使其更易于管理和监控。通过这种分解，计划控制部门可以清晰地跟踪每个时间段的进展情况，确保整个年度计划的顺利实施。

2. 监控执行情况

计划控制部门应持续监控营销活动的执行情况，并确保所有相关信息能够及时准确地被反馈给执行团队和管理层。这不仅包括完成情况的实时更新，也包括市场反馈和消费者行为的变化，从而确保所有决策都基于最新数据。

3. 识别并分析偏差

在计划执行过程中，营销组织应及时发现实际成果与预期目标之间的偏差。对于这些偏差，营销团队需要进行深入的分析，探究其背后的原因。这可能涉及市场条件的变化、竞争行为的调整或内部执行的问题等多种因素。

4. 实施调整措施

基于偏差分析的结果，营销团队需制定并实施有针对性的调整方案，包括优化营销策略、调整资源分配或重新设计产品推广活动等。在必要时，这也可能涉及对原有营销目标的调整，以确保营销活动的最终成功。

通过这一系列综合措施，体育旅游市场主体可以确保营销计划的高效执行，并通过实时调整策略适应不断变化的市场环境，最终实现既定的营销目标。这种系统的控制机制不仅提高了营销活动的适应性和效果，也增强了企业在竞争激烈的市场中的稳定性和成长性。

第十章　新时代体育旅游市场管理路径探索

第一节　体育旅游市场管理体制创新

随着体育旅游市场的迅速发展和消费者需求的多样化，传统的管理体制已逐渐不能满足新时代的发展需要。因此，创新体育旅游市场的管理体制显得尤为重要。以下是体育旅游市场管理体制创新的几条关键路径。

一、政府与市场的协同推动

在新时代的体育旅游市场管理中，政府与市场的协同推动十分关键。这种协同不仅要求政府发挥其在市场监管和政策引导中的传统角色作用，还需要通过创新机制来激发市场活力和促进产业健康发展。

（一）政府角色的再定义

政府的基本职能应从传统的直接管理和控制转变为提供政策支持、制定行业标准、优化发展环境和保障公平竞争。这需要政府在制定相关政策和标准时，充分考虑体育旅游行业的特殊需求和发展趋势，以科学的态度制定适应行业特色的质量监管体系。例如，政府可以通过制定细分市场的服务标准和安全规范来提升整个行业的服务质量和安全保障水平。

（二）政策支持与资金补贴

为了刺激市场的创新和活力，政府应提供必要的政策支持和资金补贴。这可以通过减税优惠、财政补贴、低息贷款等多种方式实现，特别是对那些采用绿色环保技术、服务质量高、国际市场份额大的企业给予更多的支持。这些政策不仅能减轻企业负担，还能鼓励企业投入新技术、新业态的研发和市场开拓中。

（三）产业整合与全产业链协作

政府应促进体育旅游产业的整合，通过政策引导和资源整合，推动产业链各环节的紧密合作。这包括加强旅游服务提供商、体育活动组织者、地方政府及相关企业之间的联动，形成资源共享、优势互补的产业生态。例如，政府可以建立公共平台，促进信息交流和资源共享，降低运营成本，提高服务创新能力。

（四）持续监管与质量控制

政府还需要持续对市场进行监管，以确保行业标准得到执行，质量控制符合要求。这不仅涉及对企业日常运营的监管，也包括对市场异常现象的及时纠正和对消费者权益的保护。通过建立健全的监管机制和完善的法规政策，政府能够为体育旅游市场的健康发展提供坚实的法律和监管保障。

总之，政府与市场的协同推动是实现体育旅游市场健康发展的必要条件。政府的引导和规范结合市场机制的活力和创新，可以有效推动体育旅游行业的升级和可持续发展。

二、引入市场化竞争机制

在当前全球经济一体化和区域经济合作不断加深的背景下，体育旅游作为一个新兴的产业，其市场潜力和社会影响力逐渐得到认识。然而，这一领域的发展仍面临一些挑战，其中之一就是缺乏有效的市场化竞争机制。因此，笔者提出引入市场化竞争机制来促进体育旅游市场的健康发展。第一，市场化竞争机制的引入能够打破现有的垄断格局。在许多国家和地区，体育旅游市场常常由少数大企业主导，这种垄断性质限制了市场的活力和创新能力。降低行业准入门槛，可以吸引更多的企业和个人参与体育旅游市场，这不仅能增加市场的供给，也能促进服务质量的提升。第二，竞争机制能够激发创新。在一个开放和竞争的市场环境中，企业为了吸引顾客和扩大市场份额，会不断尝试新的服务模式和技术，推出创新产品。例如，利用VR技术提供沉浸式的体育观赛体验，或者开发集体育活动和旅游观光于一体的综合服务项目，这些都是创新的表现。第三，市场化竞争可以优化资源配置。在竞争机制下，资源会向效率高和回报大的领域流动，从而实现资源的优化配置。例如，资金和人才会更倾向于那些能够带来较高经济效益和社会效益的体育旅游项目。这不仅促进了经济的增长，也提高了社会福利。第四，实施市场化竞争机制也需要考虑到一些潜在的风险。例如，过度竞争可能导致价格战，从而影响行业的长期可持续发展。此外，市场的快速变化可能会使一些小企业难以生存，从而影响市场的稳定性。因此，引入竞争机制时，政府还需要出台相应的监管政策，以确保竞争的公平性和市场的健康发展。

为了具体实施这一策略，政府可以考虑以下几个方面：一是制定合理的政策，降低行业准入门槛，简化企业注册和批准流程；二是设立公平竞争的监督机构，监管市场行为，防止不正当竞争和价格操纵；三是鼓励技术创新和业务模式创新，提供政策支持和资金援助；四是加强国际合作，吸引外资企业参与，引入国际先进的管理经验和运营模式。

引入市场化竞争机制是推动体育旅游市场发展的重要策略。打破垄断、鼓励创新和优化资源配置，不仅可以提升服务质量和效率，还能通过竞争促进整个行业的升级和社会经济的发展。

三、消费者权益保护

在当前的体育旅游市场中，消费者权益保护是保障市场健康发展的重要环节。随着体育旅游活动的日益增多和多样化，确保消费者在参与过程中的安全和满意变得尤为重要。本书将探讨如何加强对消费者权益的保护，通过建立健全的投诉和反馈机制以及采取其他相关措施，促进体育旅游行业的长期健康发展。

一方面，建立一个有效的投诉和反馈机制是保护消费者权益的基础。这一机制应包括多个渠道，如在线平台、热线电话和现场服务点，以便消费者能够快捷地表达其需求和问题。此外，这一系统应该具备实时响应的能力，确保消费者投诉和反馈能够得到快速处理。这不仅有助于即时解决问题，减少消费者不满，还能通过积极的交流建立起消费者对企业的信任。另一方面，通过法律法规加强对消费者权益的保护也是不可忽视的。政府部门应制定和实施一系列针对体育旅游市场的法律法规，规范市场行为，如明确服务提供者的责任和义务、设定行业标准等，以加强对消费者权益的保护。

四、可持续发展策略

在全球化的背景下，体育旅游市场的快速扩展带来了显著的经济效益，同时对自然环境和社会结构产生了深远影响。为确保旅游活动的可持续性，体育旅游市场管理必须融入环境保护和社会责任的考量。这不仅是对未来负责，也是体育旅游业可持续发展的必要条件。

第一，合理利用自然资源是推动体育旅游可持续发展的关键。体育旅游活动，如徒步、登山、水上运动等，多依赖于自然资源。这要求管理者制定明智的资源利用策略，如限制游客数量、使用对环境友好的材料建设设施等，以减少对生态环境的损害。例如，新西兰的米尔福德步道就实行了每日游客数量限制，有效控制了环境负荷。

第二，保护生态环境不仅是道德方面的要求，也是增强体育旅游吸引力的关键部分。破坏自然环境的旅游将失去其长期吸引游客的能力。因此，加强生态保护，恢复受损的自然环境，对保持地区旅游业的持续吸引力至关重要。实施环境影响评估，监测旅游活动对生物多样性的影响，并采取相应的保护措施是实现这一目标的有效途径。

第三，推广绿色旅游产品能够促进环境保护与经济效益的双赢。通过开发低碳旅游活动、使用可持续材料的旅游设施，以及推行环境教育和意识提升活动，旅游业者不仅可以减少对环境的负担，还可以吸引那些具有高度环保意识的消费者。这种市场策略已被证明在全球范围内具有吸引力，如欧洲的绿色骑行路径就成功吸引了大量环保旅游者。

第四，加强社会责任的实施也是可持续体育旅游的重要组成部分。这包括确保旅游利益公平分配，改善当地居民的生活质量，以及促进文化交流和保护。体育旅游应成为推动当地经济发展和社会和谐的力量，而非仅仅作为一种经济活动。

综上所述，体育旅游市场的可持续发展需要综合考虑环境保护、社会责任和经济效益。实施上述策略，不仅可以保护和恢复自然环境，还可以提升旅游体验的质量，确保体育旅游业的长远发展。此外，加大法律法规和政策支持力度，以及提高公众环保意识，也是推动可持续体育旅游实践的关键因素。

通过上述创新措施，体育旅游业的管理模式将迈向现代化，更好地适应新时代消费者的偏好。这些措施不仅响应了市场的需求，还为该行业的可持续发展提供了稳固的支撑。通过整合环保和社会责任进入旅游管理，体育旅游业能够开拓一条环境友好且经济效益显著的新路径。这样的发展方向将确保体育旅游业不仅能在当下繁荣，还能在未来持续成长，从而满足来自全球的消费者不断变化的期望和需求。

第二节　体育旅游市场营销创新

在竞争日益激烈的体育旅游市场中，创新成为推动营销成功的关键因素。体育旅游市场营销创新应聚焦于满足现代消费者的多样化需求，同时融入最新的技术和营销策略，以增强体育旅游产品的吸引力和市场竞争力。

一、数字化营销策略

在当今数字时代，体育旅游行业正迅速适应新的市场环境，通过数字化营销策略来优化消费者体验和提升业务效率。社交媒体、移动应用、VR和AR技术的综合运用不仅改变了传播方式，也重塑了客户参与和旅游体验的本质。首先，社交媒体平台，如微信和抖音已成为体育旅游营销的关键工具。这些平台使旅游机构能够直接与广泛的目标受众进行互动，实时分享赛事信息、旅游景点的照片和用户评价，从而在用户中建立信任和社区感。更重要的是，社交媒体的数据分析工具可以帮助营销人员深入了解客户行为和偏好，使营销活动更加精准和高效。其次，移动应用程序提供了一个无缝的交互平台，使得预订和服务访问更为便捷。例如，旅游应用可以整合票务、地图导航、天气更新和本地活动信息，提供一站式服务，极大地提升用户的便利性和满意度。此外，应用程序内的个性化推荐算法可以根据用户的历史行为和偏好提供定制化的旅游建议，从而增加服务的附加值。再次，VR技术为体验前预览提供了新的可能。通过VR头盔，潜在的游客可以在实际前往目的地之前，从家中体验到赛事现场的氛围或者自然景观的美丽。这种沉浸式体验不仅增强了消费者的购买意愿，也为不能亲自前往的游客提供了参与感。最后，AR技术进一步拓展了现场体验。AR通过智能手机或特殊眼镜，将计算机生成的图像与现实世界融为一体，为用户提供额外的信息和互动机会。例如，观众在观看体育赛事时，可以通过 AR 看到即时数据统计、选手资料或复杂规则的解释，这使得观赛体验更加丰富和个性化。

二、可持续性营销

在全球环境压力日益增大的当下，可持续性营销已成为体育旅游行业的一项重要策略。现代消费者的环保意识显著增强，他们越来越倾向于选择那些能够证明其环境友好性的产品和服务。因此，体育旅游机构通过实施可持续性营销策略，不仅能够满足消费者的环保需求，也能够为企业自身的长远发展铺设道路。

可持续性营销需要体育旅游机构重视其对环境的影响，并采取实际行动减少这些影响，这包括但不限于推广使用低碳交通工具、利用可再生能源、减少一次性用品的使用以及实施垃圾分类等措施。例如，一些体育赛事已开始使用太阳能板为场馆供电，同时鼓励观众使用公共交通工具来往比赛场地，以此减少活动的碳足迹。此外，体育旅游机构也可以开发与推广生态友好的旅游路径。这些路径不仅保护了自然景观和生物的多样性，而且提供了教育价值，让游客在享受体育活动的同时能学习到关于生态保护的知识。例如，生态徒步旅行、鸟类观察旅游和野生动植物观光等，都是结合体育活动与生态教育的好方式。通过这些活动，旅游者不仅能够亲身体验自然之美，也会更加意识到保护环境的重要性。

三、合作营销

合作营销作为一种资源共享和扩大影响力的策略，在体育旅游行业中的表现尤为突出。体育旅游业者通过与酒店、航空公司、地方政府等旅游相关企业建立合作伙伴关系，不仅可以共同推广旅游目的地和特定体育事件，还能营造一种全方位的旅游体验。这种跨行业的合作策略不单单是市场营销的一种手段，更是一种资源整合的战略，能够显著提高产品和服务的市场竞争力。

一方面，跨行业合作能够使体育旅游业者通过合作伙伴的渠道和资源，扩大其服务的市场覆盖面。例如，与航空公司的合作可以通过打包机票和体育赛事门票的方式，吸引远距离的游客；与酒店合作则可以提供住宿和体育赛事的一体化服务包，吸引希望能便捷体验赛事的游客。此外，地方政府的支持可以在更宽广的范围内提升体育旅游的知名度，如通过政府的宣传渠道和公共资源，增加体育活动的曝光率，从而吸引更多的游客到访。另一方面，这种合作关系使得各方能够共享资源，降低成本，并通过集体优势提供有竞争力的产品。例如，体育旅游活动往往需要较大的前期投资和较高的运营成本，合作伙伴则可以共担这些成本和风险。通过资源共享，各合作方可以在不牺牲服务质量的前提下，优化成本结构，如共同购买广告位、共享运输和住宿资源等。

成功的合作营销策略需要基于彼此的长期利益和相互信任。合作双方需要明确合作的目标、权益分配以及各自的责任和义务。同时，为了保证合作的长效性和效益最大化，合作协议中应详细规定合作的具体实施步骤和监督机制。这种结构化的合作框架不仅有助于预防潜在的冲突，还能确保各方面利益的平衡，进而提高合作关系的稳定性和持久性。

体育旅游市场营销的创新不应仅仅局限于传统的广告和促销策略。通过整合新兴技术、可持续性原则、合作营销等手段，体育旅游可以更有效地吸引和满足现代消费者的需求，从而在竞争激烈的市场中占据优势。

第三节　体育旅游产业软环境建设创新

一、软环境的组成与重要性

在体育旅游行业中，非物质因素，如政策框架、服务水平、科技应用和地方文化等软环境要素，对提升旅游目的地吸引力、提高游客满意度以及促进地区经济发展具有不可忽视的重要性。优质的软环境不仅能够保证体育赛事的顺利举行，而且对提升游客的整体旅游体验有着积极的推动作用。这些因素结合起来，有助于吸引更多的国内外游客参与和观赏体育赛事，进而为当地旅游业带来更大的经济效益。因此，优化这些软环境要素是提升体育旅游市场竞争力的关键。

二、体育旅游产业软环境建设的创新领域

体育旅游产业的软环境建设关键在于各种非物质因素创新。下面从政策环境的优化、服务质量的提升、科技应用、文化建设与品牌塑造这四个方面进行分析（图 10–1）。

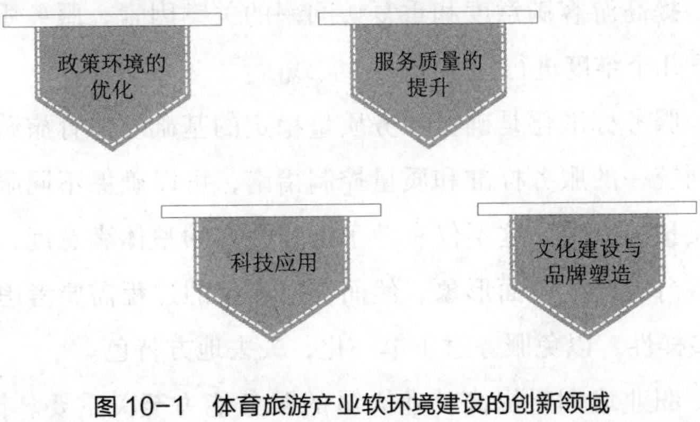

图 10–1　体育旅游产业软环境建设的创新领域

（一）政策环境的优化

在体育旅游产业中，政府的政策环境扮演着核心角色，是推动行业创新和可持续发展的关键因素。政府首先可以通过制定促进旅游业发展的友好政策激发市场活力。这些政策包括减免税收、提供财政补贴以及简化旅游投资和运营的审批流程。这些政策措施能够显著降低企业的运营成本，吸引更多的投资者投入体育旅游领域。除了经济激励措施，政府还需要加强对体育旅游活动的安全监管，包括确保赛事和相关旅游活动的安全，防止发生任何可能危害游客安全的风险事件。政府通过建立完善的监管体系，可以提高游客对旅游目的地的信任度，从而增强其吸引力。政策环境的优化还应包括对创新技术的支持和推广。例如，政府可以利用大数据和人工智能分析游客数据，优化游客体验，以及通过数字化手段提升体育赛事的观赏性和互动性。这些技术的应用不仅可以提升旅游服务质量，也能为政策制定者提供精准的数据支持，使政策更加科学合理。

（二）服务质量的提升

在体育旅游领域，服务质量的提升不仅是增强市场竞争力的核心要素，而且是提高游客满意度和重复访问率的关键因素。服务质量的提升可以从以下几个维度进行深入研究和实践。

第一，服务标准化是确保服务质量稳定的基础。体育旅游行业通过制定一系列统一的服务标准和质量控制指南，可以确保不同服务提供者之间服务质量的一致。这不仅有助于提升游客的整体满意度，也有利于构建体育旅游品牌的正面形象。然而，标准化的过程需要考虑地域文化和特色的多样性，以免服务过于单一化，失去地方特色。

第二，职业培训对提高从业人员的服务能力至关重要。针对导游、酒店服务人员、安保人员等关键岗位，提供专业的培训课程，不仅可以提高他们的业务技能，还能够培养他们的服务意识和团队协作能力。专业化的培训内容应包括客户关系管理、紧急情况应对、跨文化交流技能等，以应对体育旅游市场的复杂需求。

第三，引入服务质量认证系统是提升和保证服务质量的有效手段。第三方评估和认证可以客观地衡量服务提供者的服务水平，激励其持续改进服务质量。此外，认证结果的公开发布，可以为游客提供参考，提高透明度，从而促进健康竞争和市场的自我完善。

（三）科技应用

在体育旅游领域，科技应用正日益成为推动行业进步和增强用户体验的关键因素。信息技术的整合可以显著提升游客体验和提高运营管理的效率。这一趋势主要表现在以下几个方面。

第一，大数据技术的运用能够有效预测旅游需求趋势，并据此优化资源配置。通过分析历史数据和实时数据，旅游业者可以更准确地预测高峰期的游客流量，调整服务供应，从而减少资源浪费并提高服务质量。例如，酒店和交通服务提供者可以根据预测数据提前调整可用容量，以应对预期的客流增加。

第二，移动应用程序和在线平台为游客提供了极大的便利。通过这些工具，游客不仅可以轻松预订门票、酒店和交通服务，还能获取实时信息，如赛事更新、天气预报和本地活动。这种便捷的信息获取和预订方式，极大地提升了游客的整体旅游体验。

第三，VR 和 AR 技术为体育旅游带来了革命性的变化。这些技术使得游客能够通过沉浸式体验近距离观看赛事，或者在非赛事期间虚拟游览体育场馆和相关文化遗址。例如，游客可以在家中通过 VR 头盔观看奥运会的开闭幕式，或者通过 AR 应用在历史悠久的体育场中进行一次虚拟导览。

（四）文化建设与品牌塑造

在体育旅游产业中，文化建设与品牌塑造是提升旅游目的地吸引力的重要策略。利用地方文化资源，尤其是具有地方特色的体育项目（如龙舟赛、马拉松等），可以有效建立独特且具有吸引力的体育旅游品牌。这种策略不仅能够增强体育旅游的品牌影响力，也能够吸引那些对地方文化特色感兴趣的国内外游客。

第一，组织与当地文化紧密相关的体育赛事是提升地方文化影响力的有效方式。这种赛事可以作为展示地方文化和传统的平台，通过让游客直接参与地方体育活动，从而提高体验的亲密性和参与感。例如，龙舟赛不仅是体力和策略的比拼，还是中华文化中团队合作精神的体现。

第二，品牌建设的另一个关键元素是有效的在线营销策略。利用社交媒体推广地方特色和体育赛事，可以提高旅游目的地的知名度和吸引力。创建引人入胜的内容，如比赛高光时刻、幕后故事和参与者访谈，可以增强与观众的互动和情感联系。

第三，与国际旅游和体育机构建立合作关系，可以进一步提升体育旅游品牌的全球影响力。这种合作不仅可以吸引更多国际游客，还可以通过交流和合作，提升服务质量和赛事组织能力。

三、趋势与未来展望

随着个性化和科技驱动的需求在体育旅游领域日益增长，未来的市场发展趋势显现出对高度定制化旅游体验和先进技术应用的追求。体育旅游，作为一种结合了体育活动与旅行的旅游方式，正变得越来越受欢迎，其市场份额也在持续增加。这种趋势反映了现代消费者对健康生活方式和沉浸式体验的高度重视。

为了适应这些变化，体育旅游领域正积极引入新的服务模式与技术解决方案。例如，运用可穿戴技术监测旅游者的健康状况，并根据其体能和健康数据推荐个性化的体育活动。这种技术不仅可以增强游客的体验，还能确保他们的健康安全。另外，人工智能（AI）的应用正在重新定义旅游体验的优化方式。AI可以分析大量的用户数据，从而提供更加个性化的旅游建议和服务，包括但不限于行程规划、实时交通信息更新及个性化的旅游活动推荐，这些都极大地提升了游客的满意度和旅游体验的质量。而且，随着全球对可持续发展目标认识的加深，可持续旅游理念也被越来越多地应用于体育旅游中。这要求组织者在规划和实施体育旅游活动时，既要考虑活动的经济效益，也要兼顾对环境的影响和社会责任。通过推广环保运动和支持当地社区的可持续发展，体育旅游不仅可以为游客提供独一无二的体验，也能保证旅游目的地的长远利益。

未来的体育旅游将更加重视高科技的集成和个性化服务的提供，同时落实对环境保护和社会责任的承诺。通过这些策略，体育旅游不仅能够提供更富吸引力的产品和服务，也将在全球旅游市场中占据更重要的位置。

参考文献

[1] 于素梅 . 中国体育旅游研究 [M]. 北京：中国水利水电出版社，2006.

[2] 曾博伟，张晓宇 . 体育旅游发展新论 [M]. 北京：中国旅游出版社，2018.

[3] 胡小武 . 传承与升华：城市旅游开发与营销战略 [M]. 南京：东南大学出版社，2008.

[4] 余昕 . 西部体育旅游与休闲 [M]. 成都：西南交通大学出版社，2012.

[5] 黄延春，周进国 . 体育市场营销学 [M]. 重庆：重庆大学出版社，2017.

[6] 王玉珍 . 中国体育旅游产业竞争力研究 [M]. 北京：新华出版社，2015.

[7] 谭东辉，沈冬雁，付志霞 . 赣南康养旅游度假小镇的培育和发展研究：以龙南虔心小镇为例 [J]. 美与时代（城市版），2023（9）：104-106.

[8] 谭东辉 . 客家民俗体育与旅游研究 [J]. 江西理工大学学报，2011，32（2）：78-80.

[9] 谭东辉，康远豪，赖连发 . 大健康背景下赣南康养旅游度假小镇开发研究 [J]. 当代体育科技，2022，12（34）：177-182.

[10] 王波 . 体育旅游消费的行为特征与影响因素分析：以某景区为案例 [J]. 文体用品与科技，2024（5）：65-67.

[11] 陈文浩 . 体育赛事与体育旅游对地方经济的影响研究 [J]. 中国市场，2023（36）：66-69.

[12] 池陈成 . 成绵经济带文化体育旅游一体化发展及融合机制研究 [J]. 产业创新研究，2023（23）：78-80.

[13] 吴家发 . 乡村振兴战略下乡村体育旅游价值及发展路径研究 [J]. 江西电力职业技术学院学报，2023，36（8）：157-159.

[14] 曹凯，张子健，蔡志超 . 城市休闲体育旅游的创新发展策略研究 [J]. 西部旅游，2023（16）：46-47，50.

[15] 卢波，张璐璐 ．“旅游 + 健康”视角下乡村体育旅游培育机制研究 [J]. 村委主任，2023（4）：86-88.

[16] 高元龙 . 企业需求导向下浙江省体育旅游专业人才培养的研究 [J]. 浙江体育科学，2022，44（4）：34-39.

[17] 舒丽，张凯，王小秋，等 . 基于百度指数的我国体育旅游网络关注度研究 [J]. 北京体育大学学报，2020，43（6）：110-122.

[18] 林子程 . 北方地区冰雪体育旅游营销现状及未来发展策略研究 [J]. 营销界，2019（47）：169-170.

[19] 陈轩昂 . 关于水文化体育旅游圈的理论分析 [J]. 山西农经，2017（14）：28-29，34.

[20] 樊新刚 . 社会经济转型期广东体育旅游资源综合开发及市场营销策略的研究 [J]. 菏泽学院学报，2017，39（2）：95-99.

[21] 刘华芝 . 基于应用型人才培养的体育旅游市场营销学课程改革研究 [J]. 经济研究导刊，2016（19）：121-122.

[22] 王悦 . 大学生体育旅游市场存在的问题及对策分析 [J]. 当代体育科技，2015，5（18）：213-214.

[23] 柏林，王丹，朱丽叶 . 体育旅游产业集群化发展关键性制约因素分析：以黑龙江省为例 [J]. 北方经贸，2013（9）：157-158.

[24] 缪祥如 . 基于 4P 理论的民族传统体育旅游市场营销的研究 [J]. 商，2012

（23）：191.

[25] 王红光，揣佳凡 . 江苏沿海地区体育旅游市场分析及发展态势研究 [J]. 通化师范学院学报，2012，33（10）：78-80.

[26] 王力，杨成 . 西部地区体育旅游联动营销策略研究 [J]. 中国商贸，2012（20）：156-157.

[27] 王居海 . 基于游客特征的体育旅游市场分析研究 [J]. 渭南师范学院学报，2012，27（6）：88-91.

[28] 邵锦梅，李雷 . 地区性旅游经济营销策略分析：以河北省体育旅游为例 [J]. 中国商贸，2012（12）：190-191.

[29] 秦勇 . 浅论体育旅游市场营销存在的问题及对策 [J]. 中国商贸，2012（10）：98-99.

[30] 冯海丽，刘昊，薛莎，等 . 桂林体育旅游整体营销方案策划的思考 [J]. 搏击（体育论坛），2012，4（1）：40-42.

[31] 吴常义 . 大学生体育旅游市场的商业调研与研究 [J]. 商场现代化，2012（2）：84-85.

[32] 张凤玲，张兴泉，王亚乒 . 我国体育旅游的整合营销策略探究 [J]. 中国商贸，2011（26）：161-162.

[33] 闫景红 . 对我国体育旅游产品开发的现状分析 [J]. 湘潮（理论版），2011（4）：78.

[34] 谢新涛 . 西安市体育旅游市场开发与营销研究 [J]. 中国商贸，2010（20）：173-174.

[35] 朱小丽 . 体育旅游市场培育研究 [J]. 百色学院学报，2010，23（3）：100-105.

[36] 管勇 . 基于顾客让渡价值理论的节日体育旅游营销策略研究 [J]. 南京体育学院学报（社会科学版），2009，23（6）：36-40.

[37] 廖勇 . 体育旅游市场营销发展趋势的研究 [J]. 商场现代化，2009（14）：272.

[38] 王军红 . 中原城市群建设与河南体育旅游市场的发展 [J]. 山西财经大学学报，2009（增刊 1）：104，107.

[39] 昌晶亮，余洪 . 我国赛事体育旅游市场细分及营销对策分析 [J]. 湖南城市学院学报（自然科学版），2009（1）：73-76.

[40] 赵建林 . 体育旅游消费因素的构成与分析 [J]. 中国市场，2008（48）：8-9.

[41] 王晓强，李永辉，任勇利，等 . 河北省“环首都体育休闲圈”开发策略研究 [J]. 西安体育学院学报，2008，25（5）：24-27.

[42] 费宏涛，范晓伟，李崇飞 . 对大学生体育旅游市场物流流通的调研与对策研究 [J]. 中国市场，2008（32）：100-101.

[43] 陈磊 . 新时期我国体育旅游市场营销的探讨 [J]. 商场现代化，2008（6）：270.

[44] 祝晓波 . 西部体育文化旅游的现状与发展研究 [J]. 体育世界（学术版），2008（1）：34-35.

[45] 罗孝军，张晓林，高晓虎 . 体育旅游营销存在的问题及对策研究 [J]. 吉林体育学院学报，2005（增刊 1）：18-19.

[46] 殷勤 . 我国体育旅游经营管理及发展对策研究 [J]. 成都体育学院学报，2005，31（3）：37-39.

[47] 谭东辉，沈冬雁，廖佳慧 . 全域旅游视域下赣南康养旅游度假小镇综合体规划设计研究 [J]. 旅游与摄影，2023（15）：98-100.

[48] 杨玉霜 . 国外体育旅游研究现状、热点、趋势及启示 [D]. 曲阜：曲阜师范大学，2022.

[49] 陈潇 . ST 公司体育旅游新媒体营销策略优化研究 [D]. 蚌埠：安徽财经大学，2021.

[50] 聂松启 . 体育旅游领队素质结构研究 [D]. 上海：上海体育学院，2021.

[51] 林银娟 . 我国体育旅游业发展研究 [D]. 西安：西安体育学院，2013.

[52] 杨琳 . 低碳经济背景下青岛市体育旅游市场现状分析及营销模式的构建 [D]. 济南：山东体育学院，2012.

[53] 刘璞 . 我国“体育营销”研究的现状与发展建议 [D]. 武汉：华中师范大学，2006.